Ula Lenz

Miniquilts

Mikrominis, Kissen und Wandbehänge zum Nähen auf Papier

Herausgeber und Lektorat: BERGTOR VERLAG GmbH, Grünstadt
Fotos: Astrid Reck
Grafiken: Barbara Klotz, Ula Lenz
Umschlagentwurf: Astrid Reck
Layout, Satz und Repro: Satz & Service, Hildegard Pauluweit, Filderstadt
Druck: AALEXX Druck GmbH, Großburgwedel
Alle Rechte vorbehalten
© 2007 by Ula Lenz
ISBN 978-3-937703-11-4

Inhalt

Einleitung	5
Materialbedarf	6
Nähen nach Zahlen	6
Borten	7
Papier entfernen	7
Der Rückseitenstoff	7
Vom Oberteil zum Sandwich	8
Vom Sandwich zum gequilteten Sandwich	8
Vom gequilteten Sandwich zum fertigen Quilt	9

Anleitungen

Schachbrett	10
Kinder der Erde	12
Blumenkranz	14
Windjammer	16
Tanzpaar	18
Nähmaschine	20
Süddeutschland	22
Mitteldeutschland	24
Norddeutschland	26
Mikrokatzen	28
Tulpentöpfchen	30
Kakteenmikro	32
Eichhörnchenkissen	74

Nähvorlagen

(in alphabetischer Reihenfolge)	34

Einleitung

Die ersten drei Bücher
„Blühende Quilts", „Patchwork Tiere" und „Patchwork Tiere II"
zeichneten sich dadurch aus,
dass die meisten Blocks durch die Größe von 15 cm (6")
beliebig untereinander kombinierbar waren.
Das war zwar einerseits sehr praktisch,
andererseits sind aber in dieser Zeit auch deutlich aufwändigere Motive entstanden,
die nicht in dieses Schema gepasst hätten.
Blocks, die auch alleine einen hübschen, kleinen Quilt oder ein Kissen ergeben
wie der Windjammer, das Tanzpaar oder die Nähmaschine.
Zudem geht es passionierten Quilterinnen nicht selten so,
dass der Platz an den Wänden langsam knapp wird.
Daher kam die Idee auf, ein Buch über Miniquilts zu veröffentlichen,
für die sich garantiert noch ein Plätzchen findet.

Dazu stellen wir Ihnen Quilts zu den verschiedensten Themen in kleinen Abmessungen vor
wie das Schachbrett, der größte Quilt in diesem Buch, und den Blumenkranz.
Angeregt durch Quilterinnen im Internet
wurden die Minis immer kleiner und kleiner,
bis sie schließlich nur noch Mikros genannt wurden.
Dazu zählen die drei Landschaften, die wir Süddeutschland, Mitteldeutschland
und Norddeutschland getauft haben.
Noch winziger sind die Blocks der Katzen, Kakteen und Tulpentöpfchen.
Hier betragen die Blockmaße gerade einmal 1 Inch/2,5 cm.
Wem das zu extrem ist, kann sie auch etwas größer arbeiten.
Dafür stellen wir zwei weitere Größen bereit.

Ich hoffe, es ist auch für Sie etwas dabei.
Viel Erfolg und Freude an den kleinen Teilen wünscht Ihnen

Ula Lenz

Materialbedarf

Um die Quilts aus diesem Buch oder einzelne Motive daraus nachzuarbeiten benötigen Sie:
Kopien der Motive, die Sie nacharbeiten möchten, jeweils eine für jedes Motiv.
Nähmaschine
Stoff
Vlies
Bügeleisen und -brett in möglichst unmittelbarer Nähe der Nähmaschine
Markierstift
Schere
Stecknadeln

Sehr sinnvoll und arbeitserleichternd sind außerdem noch:
Buntstifte
Rollschneider
Schneidematte
Lineal
Handschuhe mit Gumminoppen zum Maschinenquilten

Nähen nach Zahlen

Bevor Sie die Kopie des Blocks zerschneiden, ist es hilfreich, die entsprechenden Felder in der Kopie mit Buntstiften zu markieren, sofern keine Symbole vorhanden sind.

Legen Sie ein ausreichend großes Stoffstück mit der rechten Seite nach oben auf das Feld mit der Nummer 1, und zwar so, dass ringsum noch genügend Stoff für die Nahtzugabe vorhanden ist.
Auf dieses erste Stoffstück wird rechts auf rechts

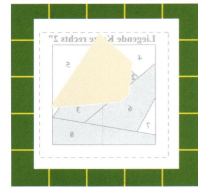

das zweite Stoffstück gelegt, und zwar so, dass es, wenn es an der Nahtlinie gespiegelt würde, ausreichend groß ist, um Feld 2 einschließlich der Nahtzugaben zu bedecken.

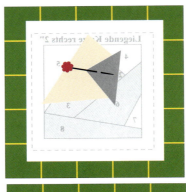

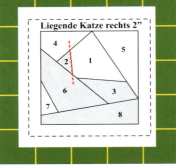

Nun können Sie die erste Naht zwischen Feld 1 und Feld 2 nähen. Stellen Sie eine sehr kleine Stichlänge ein. Ich verwende Stichlänge 1. Dies ist beim Nähen auf Papier gerade bei den kleinen Blocks sehr wichtig, damit anschließend das Papier leichter entfernt werden kann. Die Größe des Stiches hängt auch von Ihrer Nadeldicke ab, ich verwende Nadeln in Stärke 80. Probieren Sie es doch einmal mit den Nadeln, die Sie vorrätig haben. Sollte sich das Papier zu schlecht lösen, nehmen Sie eine dickere Nadel, fällt es Ihnen schon beim Nähen entgegen, nehmen Sie eine dünnere.

Extratipp: Wenn Sie immer genau auf der Linie nähen, kann der Block durch das Umfalten ein wenig kleiner werden. Der Schwund ist zwar minimal, kann sich aber bei kleinen Blocks oder vielen Sektionen summieren. Nähen Sie bei besonders kleinen und kniffeligen Blocks lieber einen Hauch außerhalb der gedruckten Linie.

Nun knicken Sie das Papier so, dass Sie die Nahtzugabe auf ein paar Millimeter zurückschneiden können. Je nach Größe des Blocks können es 5 mm bei den Minis und etwa 3 mm bei den Mikros sein.
Innerhalb eines Blocks darf die Nahtzugabe auch etwas geringer ausfallen. Wenn Sie zwei Sektionen zusammennähen, nähen Sie nicht genau auf der Linie, sondern einen Hauch außerhalb. Ein wenig Stoff verschwindet durch das Umklappen der Naht und bei diesen kleinen Größen fallen auch Bruchteile von Millimetern auf, wenn sie sich summieren.
Der zweite Stoff wird umgeklappt und die rechte Stoffseite wird sichtbar. Kontrollieren Sie, indem Sie

das Papier gegen das Licht halten, ob die gesamte Fläche des Feldes mit Stoff bedeckt ist und eine ausreichende Nahtzugabe vorhanden ist.

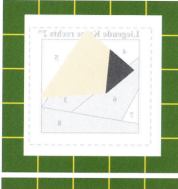

Nach dem Umklappen muss man nicht jedes Mal bügeln, in den meisten Fällen genügt es, die Naht mit dem Daumennagel glatt zu streichen.

Eigentlich war das schon das ganze Prinzip. Genauso wird nun mit allen weiteren Feldern verfahren.

Wenn alle Nähte einer Sektion genäht sind, ist es Zeit zum Bügeln. Stoff, der über die gestrichelte Linie für die Nahtzugabe hinausgeht, wird abgeschnitten.

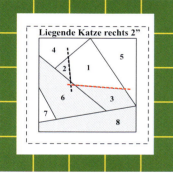

Genauso wichtig wie die Reihenfolge der Zahlen innerhalb der einzelnen Sektionen ist die Reihenfolge der Buchstaben beim späteren Zusammennähen. Jede Sektion ist mit einem Buchstaben gekennzeichnet. Wenn alle Sektionen benäht sind, legen Sie Sektion A und Sektion B mit den Stoffseiten aufeinander.

Damit sie exakt aufeinander liegen bleiben, jeweils den Anfangs- und Endpunkt mit einer Stecknadel sichern; bei längeren Nähten oder wichtigen Kreuzungspunkten wird mit weiteren Nadeln gesteckt.

Nähen Sie die beiden Sektionen zusammen und folgen weiterhin wie angegeben dem Alphabet. Um später keine winzigen Papierfitzelchen unter den Nähten entfernen zu müssen, ist es sinnvoll, das Papier der Nahtzugabe unmittelbar nach jeder Naht zu entfernen. Dabei kann man auch gleich feststellen, ob man eine Stichlänge gewählt hat, bei der sich das Papier gut heraustrennen lässt.

Borten

Um eine Borte anzunähen, messen Sie die Länge des Quilts in dessen Mitte und schneiden Sie zwei Bortenstreifen in dieser Länge zu. Stecken Sie den Bortenstreifen rechts auf rechts auf das Top und nähen Sie den Streifen fest. Nun messen Sie die neue Breite ebenfalls in der Mitte des Quilts und wiederholen das Annähen der Borte auch für diese Seiten.

Papier entfernen

Sobald das Oberteil fertiggestellt ist, kann das Papier entfernt werden. Nehmen Sie sich dazu etwas Zeit und einen großen Papierkorb. Es dauert seine Zeit, aber man kann auch der „Schredderarbeit" etwas abgewinnen, sieht man danach doch zum ersten Mal das fertige Oberteil vor sich liegen. Gehen Sie sorgfältig Block für Block vor. Bei Papierstücken, die sich nicht sofort lösen, ziehen Sie lieber den Stoff ein paarmal in verschiedene Richtungen statt am Papier selbst zu ziehen. Meist trennt sich das Papier dann von alleine vom Block. Ansonsten hilft eine spitze Pinzette.

Der Rückseitenstoff

Wenn Sie einen passenden Rückseitenstoff suchen, achten Sie nicht nur darauf, dass er zu Ihrem Vorderteil passt, sondern auch darauf, dass er nicht durch hellere Stellen Ihres Oberteils hindurchscheint. Ein heller Uni oder dezent gemusterter Stoff ist für die Rückseite ideal.

Vom Oberteil zum Sandwich

Der Hintergrundstoff und das Vlies sollten auf allen Seiten mindestens 3 cm (1") größer als das Oberteil sein. Legen Sie den Hintergrundstoff mit der rechten Seite nach unten auf eine ausreichend große Unterlage oder auf den Boden. Breiten Sie nun sorgfältig das Vlies auf den Hintergrundstoff und achten Sie darauf, dass es keine Falten gibt. Als dritte Lage kommt nun das Oberteil darauf. Sie können die drei Lagen nun von der Mitte ausgehend mit Sicherheitsnadeln zusammenheften oder sie mit Heftfäden in einem Abstand von etwa 10 cm (4") verbinden.

Extratipp: *Verwenden Sie für die Mikroquilts statt Vlies ein helles, ungemustertes Stück Flanellstoff. Ihr Quilt wird weicher und schmiegsamer.*

Vom Sandwich zum gequilteten Sandwich

Um die Motive besonders gut zur Geltung zu bringen, können Sie sie mit dem Geradstich Ihrer Nähmaschine oder von Hand umrunden. Die Motive treten dadurch bereits plastisch hervor. Wenn Sie noch mehr quilten möchten, können Sie den Hintergrund auf verschiedene Arten bequilten. Dabei wird der Transporteur der Nähmaschine versenkt und der Quilt von Hand bewegt.

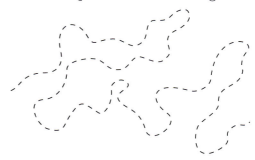

Das klassische Mäanderquilten ergibt einen besonders gleichmäßigen Hintergrund und in seiner kleinen Variante, dem Stippling, kann man auch einmal

einen Mikro damit versehen, wie wir es bei den Katzen gemacht haben.

Flächendeckende Spiralen sind mein persönliches Lieblingsquiltmuster, deshalb habe ich das Meisterstück in diesem Buch, den Kranz aus Rosen, damit versehen.

Um den Hintergrund des Nähmaschinenquilts möglichst traumhaft zu gestalten, haben wir kleine Wölkchen eingequiltet.

Das Tanzpaar auf dem Kissen schwebt inmitten von schwungvollen Fantasieblumen über den bunten Batikgrund, das Tanzpaar auf dem Quilt bewegt sich zwischen kleinen Blüten, die die Tapete des Ballsaals darstellen.
Das Schachbrett wurde entsprechend seines eher strengen Charakters ausschließlich maschinengeführt gequiltet.

Vom gequilteten Sandwich zum fertigen Quilt

Auch hier gibt es verschiedene Wege. Wir stellen hier nur die Methode, die bei den Quilts in diesem Buch verwendet wurde, vor.
Schneiden Sie im geraden Fadenlauf passende Stoffstreifen für die Einfassung zurecht. Diese werden wie in der Abbildung ersichtlich zusammengesetzt, um die nötige Gesamtlänge zu erhalten. Die Gesamtlänge ergibt sich, indem man die Länge aller Seiten zusammenzählt plus Sicherheitszugabe von mindestens 10 cm (4"), die Breite sollte mindestens 5 cm (2") betragen. Diese Art der Einfassung lässt sich bei sechseckigen Quilts wie dem Rosenkranz sogar noch leichter nähen.

Falten Sie den Streifen der Länge nach in die Hälfte, so dass die rechte Seite nach außen zeigt und bügeln Sie ihn.

Schneiden Sie nun Rückseite und Vlies auf die Größe des Oberteils zurück. Der gebügelte

Einfassungsstreifen wird nun mit der offenen Kante nach außen auf eine der Längsseiten des Oberteils gelegt. Möglichst nicht in einer Ecke anfangen. Stecken Sie ihn mit Stecknadeln fest und nähen Sie durch alle 5 Lagen (Hintergrundstoff, Vlies, Top, 2 Lagen Einfassungsstreifen) mit 0,6 cm (1/4") Nahtzugabe zur Kante. Bis 0,6 cm (1/4") vor Ende der Seite nähen, dann durch einen Rückstich sichern und den Streifen wie in der Abbildung im 90° Winkel nach oben falten und im rechten Winkel wieder nach unten falten. Es entsteht eine Falte, die notwendig ist, damit später eine schöne Briefecke entstehen kann. Feststecken und den Streifen auf die gesamte Länge der Seite feststecken. 0,6 cm (1/4") von der Ecke entfernt wieder anfangen zu nähen bis 0,6 cm (1/4") vor Ende der Kante. So fortfahren wie eben beschrieben.

Falten Sie den Einfassungsstreifen um die Kante des Quilts und nähen Sie ihn auf der Rückseite von Hand fest. Stechen Sie dabei möglichst nicht durch die Vorderseite.

 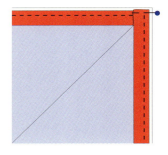

 # Schachbrett

Maschinengenäht von Sigrid Middeldorf, maschinengequiltet von Ula Lenz, 90 x 90 cm (35" x 35")

Spielen Sie Schach? Ich tue es nicht! Vielleicht ist das ja der Grund, warum ein Schachspiel auf mich einen so beruhigenden und friedlichen Eindruck macht.
Sollten Sie jedoch ein begeisterter Schachspieler sein oder diesen Quilt für einen nähen, werden Sie die Figuren vielleicht ganz anders anordnen. Ein harmonisches Stück wird es auf jeden Fall.
Dieser Mini ist übrigens der größte in diesem Buch und ist deshalb bestens geeignet, sich auch in die ganz kleinen Dimensionen einzuarbeiten.

Stoffbedarf:

Bei einer Stoffbreite von 112 cm (44")
Schwarz: 50 cm (20")
Weiß: 50 cm (20")
Dunkelbraun: 20 cm (8")
Hellbraun: 25 cm (10")
Goldbedruckter schwarzer Stoff für die Borte: 60 cm (24")

Schneiden Sie:

Hellbraun: 3 Streifen von 2,5 cm (1") Breite jeweils über die gesamte Stoffbreite
Goldbedruckt: 3 Streifen von 15 cm (6") jeweils über die gesamte Stoffbreite.
Schwarz: 16 Quadrate von 9 x 9 cm (3 1/2" x 3 1/2")
Weiß: 16 Quadrate von 9 x 9 cm (3 1/2" x 3 1/2").

Benötigte Blocks:	Anzahl	Seite
Bauer:	16	34
Turm:	4	66
Springer:	4	58
Läufer:	4	48
Dame:	2	37
König:	2	48

Achten Sie beim Nähen auf die unterschiedlichen Hintergrund- und Figurenfarben.

Zusammensetzen des Quiltoberteils:

Die einzelnen Blocks wie in der Abbildung oder nach Ihrem Lieblingsspielstand zusammennähen. Die schmalen, hellbraunen Streifen ringsum anfügen. Das Oberteil mit der breiten, goldbedruckten Borte versehen.

Fertigstellen:

Papier entfernen. Wie in der Einleitung beschrieben zum Sandwich heften. Der Quilt ist komplett maschinengeführt gequiltet, dazu die Motive in der Naht absteppen und die weißen Felder diagonal quilten. Bei den Figurenfeldern die gewünschten Quiltlinien mit einem auswaschbaren Stift vorzeichnen, damit die Geraden auch hinter den Figuren fortlaufen.

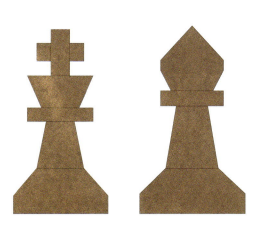

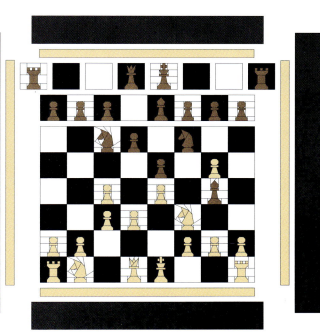

Kinder der Erde

Maschinengenäht von Sigrid Middeldorf, maschinengequiltet von Ula Lenz, 56 x 56 cm (22" x 22")

Kinder aus den verschiedensten Kontinenten sind rund um die Erde angeordnet. Es macht richtig Spaß, die Kinder nach Geschmack und Stoffvorrat anzuziehen. Sollten Sie original afrikanische oder chinesische Stoffe besitzen, können Sie diese hier gut verwenden, aber auch lieb gewonnene, zu klein gewordene Kinderkleidung in einem Quilt weiterleben lassen.
Ein fröhlich bunter Wandbehang mit einem eingenähten Hauch von Hoffnung, dass sich kommende Generationen einmal leichter tun werden, einander die Hände zu reichen.

Stoffbedarf:

Bei einer Stoffbreite von 112 cm (44") brauchen Sie:
Mittelblau: 100 cm (40")
Hellblau: 20 cm (8")
Grün: 15 cm (6")
Vielfältige Stoffstücke für Kleidung, Haut und Frisuren

Schneiden Sie

über die gesamte Stoffbreite:
Mittelblau: 2 Streifen in einer Breite von 4 cm (1 1/2") für die Borte

Benötigte Blocks:	Anzahl	Seite
Weltkugel:	1	67
Um das Nähen der Weltkugel zu vereinfachen, haben die einzelnen Farben Symbole: Mittelblau: Hellblau: Grün:		
Kind 1:	2	40
Kind 2:	2	41
Kind 3:	1	42
Kind 4:	1	43
Kind 5:	1	44
Kind 6:	1	45
Kind 7:	2	46
Kind 8:	2	47

Zusammensetzen des Quiltoberteils:

Die Kinderblocks rund um die Weltkugel herum annähen. Mit dem mittelblauen Streifen umrunden.

Fertigstellen:

Papier entfernen. Wie in der Einleitung beschrieben, ein Sandwich herstellen und gut heften. Die Kinder, die Weltkugel und die Kontinente in der Naht mit Quiltstichen umrunden, anschließend den blauen Hintergrund mit einem flächigen Mäanderquiltmuster versehen.

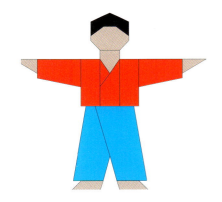

Blumenkranz

*Maschinengenäht von Elfi Dorschel,
maschinengequiltet von Ula Lenz,
60 x 60 cm (24" x 24")*

Das Meisterstück aus diesem Buch: Der Kranz aus Rosen.
Margeriten und Rosen wurden aus vielen kleinen Stoffstückchen zu einem prachtvollen Kranz geflochten. Dieser Quilt ist nicht leicht zu nähen aber dafür ist er auch ein ganz besonderes Stück.
Da sehr viele ähnliche Farben, darunter alleine 4 verschiedene Rottöne verwendet wurden, sind bei der Vorlage Symbole zum leichteren Finden der Farben eingefügt.

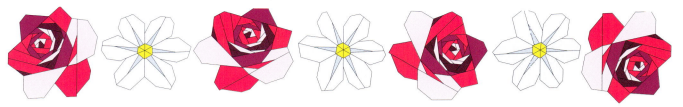

Stoffbedarf:

Bei einer Stoffbreite von 112 cm (44")
Hintergrundstoff (beige):
(kein Symbol) 70 cm (27")

Sehr dunkles Rot:		10 cm (4")
Dunkelrot:		10 cm (4")
Rot:		15 cm (6")
Rosa:		15 cm (6")
Weiß:		15 cm (6")
Hellgrau:		10 cm (4")
Gelb:		5 cm (2")
Hellgrün:		25 cm (10")
Dunkelgrün:		20 cm (8")

Benötigte Blocks:	Seite
Blumenkranz 6 x	35

Zusammensetzen des Quiltobrteils:

Nähen Sie 6 Blocks und fügen Sie diese dann zu einem Oberteil zusammen.

Fertigstellen:

Papier entfernen. Wie in der Einleitung beschrieben ein Sandwich herstellen und gut heften. Den Kranz maschinengeführt umrunden und den beigefarbenen Hintergrund flächig mit einem Spiralmuster quilten.

Windjammer

Maschinengenäht von Sigrid Middeldorf, maschinengequiltet von Ula Lenz, 40 x 40 cm   (16" x 16")

Dieses stolze Schiff haben wir hier zu einem Wandbehang verarbeitet, aber auch als Kissen ließe es sich darauf wunderbar vom Urlaub träumen.

Stoffbedarf:
Bei einer Stoffbreite von 112 cm (44")
Hellblau: 30 cm (12")
Dunkelblau: 20 cm (8")
Weiß: 15 cm (6")
Reste in Goldgelb für die Sonne, Rot für kleines Segel und Einfassung, Beige für den Schiffsrumpf, Hellgrau für das Klüversegel, Braun für die Masten, Schwarz für Fenster und Anker sowie Grau für die Felsen.

Schneiden Sie
jeweils über die gesamte Stoffbreite
Rot: 2 Streifen von 2,5 cm (3/4") Breite
Hellblau, Dunkelblau: jeweils einen Streifen von 5 cm (2") Breite

Benötigte Blocks:	Anzahl	Seite
Windjammer:	1	71

Zusammensetzen des Quiltoberteils:
Den Block mit dem schmalen, roten Streifen umrunden. Oberhalb des Blocks einen hellblauen und unterhalb des Blocks einen dunkelblauen Streifen annähen. Die übriggebliebenen Streifenteile in der Hälfte schneiden, jeweils einen hell- und einen dunkelblauen zusammennähen. Diese dann so an den Stoff nähen, dass die Horizontlinie des Bildes weitergeführt wird.

Fertigstellen:
Papier entfernen. Wie in der Einleitung beschrieben zum Sandwich heften. Die Außenlinien des Schiffs, der Sonne und der Felsen in der Naht umquilten und den Hintergrund mit blaumeliertem Garn mäandern.

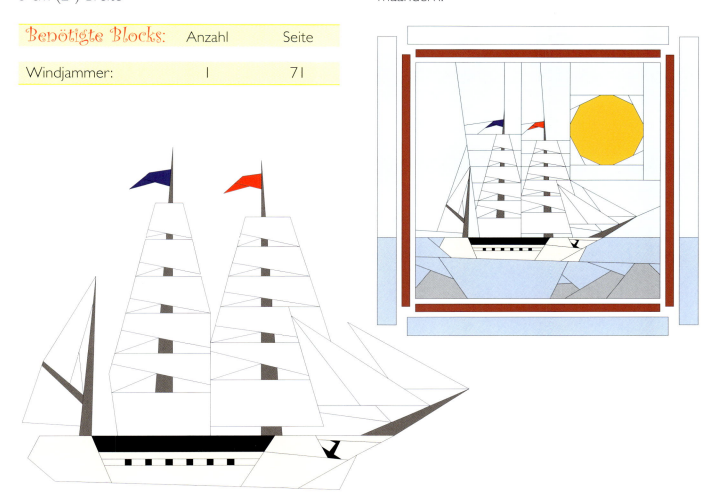

17

Tanzpaar

Maschinengenäht und maschinengequiltet von Ula Lenz, 45 x 45 cm (18" x 18") für ein Kissen von 35 x 35 cm (14" x 14")

Schwungvoll kommt dieses Paar daher, egal ob als Kissen, wie in der Anleitung beschrieben, oder als Wandbehang, wie von Lore Ernst genäht. Wir haben ganz unterschiedliche Farben gewählt, um Sie zum eigenen Spiel mit Stoff zu inspirieren. Das Nähen der Beiden geht ähnlich schwungvoll, man muss zwar beim Zusammensetzen ein wenig auf Genauigkeit achten, aber trotzdem ist das schöne Stück relativ schnell genäht.

Stoffbedarf:

Bei einer Stoffbreite von 112 cm (44") brauchen Sie:
Hintergrundstoff: 40 cm (15")
Schwarz: 15 cm (6")
Stoffstücke für Haut, Haare und Kleidung
Heller, ungemusterter Stoff für die Rückseite des Kissenvorderteils, 50 × 50 cm (20" × 20")
Stoff für die Kissenrückseite mit Hotelverschluss, zweimal 50 × 30 cm (20" × 12")

Schneiden Sie

über die gesamte Stoffbreite
Schwarz: 2 Streifen in einer Breite von 4 cm (1 1/2") für den Rahmen
Hintergrundstoff: 2 Streifen in einer Breite von 6,5 cm (2 1/2") für den Rand

Benötigte Blocks:	Anzahl	Seite
Tanzpaar:	1	61

Um das Nähen des Tanzpaares zu vereinfachen, haben die einzelnen Farben Symbole:
Hintergrund:
Schwarz:
Rosa:
Pink:
Haut:
Haare:

Zusammensetzen des Kissenoberteils:

Den Block mit dem schwarzen Streifen umrunden, anschließend einen Rand aus dem Hintergrundstoff anfügen.

Fertigstellen:

Papier entfernen. Den hellen, ungemusterten Stoff für die Rückseite des Kissenvorderteils mit der linken Seite nach oben auf einen ebenen Untergrund legen, darauf den Füllstoff und das Quiltoberteil heften. Das Motiv in der Naht absteppen und den Hintergrund nach Geschmack quilten. In diesem Fall wurde auch der äußere Rand gequiltet, bei einem Motivstoff würde ich ihn lieber ungequiltet lassen.
Nun die Rückseite mit dem Hotelverschluss vorbereiten.
Jeweils eine der langen Kanten der Kissenrückseitenstoffe versäubern. Die beiden Stücke mit den versäuberten Kanten überlappend aufeinander legen, so dass die rechten Seiten nach oben zeigen. Sie sollten sich so weit überlappen, dass beide zusammen in etwa die Größe des gequilteten Kissenvorderteils mit etwas Spielraum nach allen Seiten haben. Das Kissenvorderteil mit der rechten Seite darauf legen und alle Lagen mit Stecknadeln aufeinander stecken, rundherum nähen, die Ecken ein wenig abschneiden und wenden. Entlang der Außenkante des schwarzen Streifens absteppen.

Nähmaschine

Maschinengenäht und -bestickt von Elfi Dorschel, maschinengequiltet von Ula Lenz, 45 x 45 cm (18" x 18") für ein kleines Kissen von 35 x 35 cm (14" x 14")

Aus diesem Schmuckstück einer antiken Nähmaschine haben wir ein Kissen genäht, damit uns auch bei einer kleinen Ruhepause Nähträume begleiten können. Trotz aller Technik, die manche neue Maschine haben mag, ist so ein fußbetriebenes Modell für viele eine wahre Traumnähmaschine.
Die ersten Versuche der Verfasserin, ihre Puppen mit Kleidung zu versorgen, entstanden auf einer solchen Maschine und die Faszination dafür hat bis heute nicht nachgelassen.

Stoffbedarf:
Bei einer Stoffbreite von 112 cm (44")
Heller Hintergrund: 25 cm (10")
Schwarz: 10 cm (4")
Dunkelrot: 15 cm (6")
Stoff mit Nähutensilien: 15 cm (6")
Reste in Braun, Goldgelb und Grau
Heller, ungemusterter Stoff für die Rückseite des Kissenvorderteils, 50 × 50 cm (20" × 20")
sowie Stoff für die Kissenrückseite mit Hotelverschluss, zweimal 50 × 35 cm (20" × 14")

Schneiden Sie
über die gesamte Stoffbreite
Dunkelrot: 2 Streifen in einer Breite von 6,5 cm (2 1/2") für die Borte
Nähutensilienstoff: 2 Streifen für den Rand in einer Breite von 6,5 cm (2 1/2").

Benötigte Blocks:	Anzahl	Seite
Nähmaschine:	1	52

Zusammensetzen des Kissenoberteils:
Die Nähmaschine zuerst mit dem dunkelroten, anschließend mit dem Nähutensilienstoff umranden.

Fertigstellen:
Papier entfernen. Den hellen, ungemusterten Stoff für die Rückseite des Kissenvorderteils mit der linken Seite nach oben auf einen ebenen Untergrund legen, darauf den Füllstoff und das Quiltoberteil heften. Das Motiv in der Naht absteppen und den Hintergrund nach Geschmack quilten. In diesem Fall wurde auch der äußere Rand gequiltet, bei einem Motivstoff würde ich ihn lieber ungequiltet lassen.
Nun die Rückseite mit dem Hotelverschluss vorbereiten.
Jeweils eine der langen Kanten der Kissenrückseitenstoffe versäubern. Die beiden Stücke mit den versäuberten Kanten überlappend aufeinander legen, so dass die rechten Seiten nach oben zeigen. Sie sollten sich so weit überlappen, dass beide zusammen in etwa die Größe des gequilteten Kissenvorderteils mit etwas Spielraum nach allen Seiten haben. Das Kissenvorderteil mit der rechten Seite darauf legen und alle Lagen mit Stecknadeln aufeinander stecken, rundherum nähen, die Ecken ein wenig abschneiden und wenden.

In der Naht zwischen dunkelroter Borte und Nähutensilienstoff absteppen, so dass das Kissen eingeschoben werden kann.

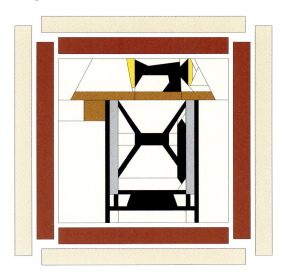

Süddeutschland

Maschinengenäht und -gequiltet von Ula Lenz, 20 x 25 cm (8" x 10")

Der erste Teil des Triptichons ist in Anlehnung an den Block des Monats 2005 auf meiner Homepage **www.lenzula.de** *entstanden. Da ich mich mit süddeutschen Landschaften durch meine Münchner Herkunft nun einmal am besten auskenne, war das auch das erste Thema.*
Die Mikroversion davon besteht pro Block nur aus einer einzigen Sektion, daher lassen sie sich auch in einer Blockgröße von 2 Inch (5 cm) gut nähen.

Stoffbedarf:
Bei einer Stoffbreite von 112 cm (44")
Hellgrün: 8 cm (3")
Dunkelrot 6 cm (3")
Hellblau: 5 cm (2")
Reste in Hellgrau, Dunkelgrau, Weiß, Hellbraun, Mittelbraun, Dunkelbraun, Beige, Grün, Hellgelb und Schwarz

Schneiden:
Dunkelrot: 1 Streifen in Dunkelrot von 4 cm (1 3/4") Breite für die Einfassung und 1 Streifen von 2 cm (3/4") Breite für den Zwischenstreifen. Sie brauchen nicht die gesamte Länge und haben daher Stoff für das Kirchendach.
Hellgrün: 1 Streifen von 17,5 x 2,5 cm (7" x 1"), 2 Streifen von 8,5 x 2,5 cm (7 1/4" x 1")
Hellblau: 1 Streifen von 17,5 x 2,5 cm (7" x 1"), 2 Streifen von 8 x 2,5 cm (3 1/4" x 1")

Zusammensetzen des Quiltoberteils:
Die einzelnen Blocks wie in der Abbildung ohne Zwischenstreifen mit Stichlänge 1 zusammennähen. Das Ganze mit dem schmalen, dunkelroten Streifen umrunden. Die hellblauen und grünen 17,5 cm (7") langen Streifen oben und unten annähen. Die restlichen hellblauen Streifen jeweils an einen grünen Streifen nähen und wie in der Skizze rechts und links an den Quilt nähen.

Fertigstellen:
Papier entfernen. Wie in der Einleitung beschrieben ein Quiltsandwich heften. Die Motive mit einer feinen Nadel mit der Maschine umranden. Mit dem dunkelroten Streifen einfassen.

Benötigte Blocks:

Benötigte Blocks:	Anzahl	Seite
Süddeutschland A – M	1	58

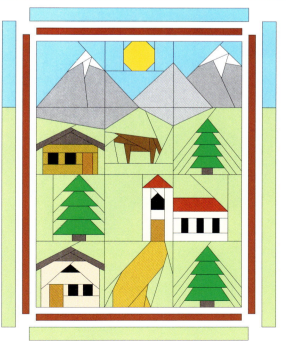

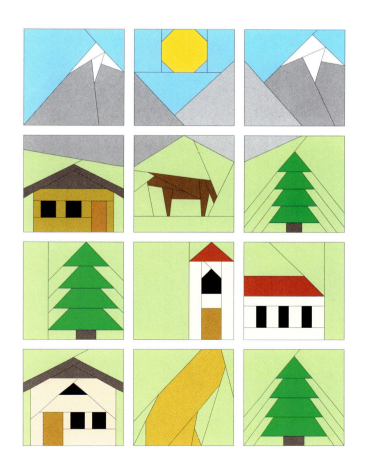

 # Mitteldeutschland

Maschinengenäht und -gequiltet von Ula Lenz, 20 x 25 cm (8" x 10")

Der dritte Teil ist entstanden, da viele Quilterinnen, die ich durch das Internet kennengelernt habe, weder im hohen Norden noch im tiefen Süden leben und nähen, sondern in Städten und Dörfern in der Mitte. Dies soll nun keine bestimmte Stadt darstellen, sondern wer immer sich hier zu Hause fühlt, möge dort einziehen! Beziehungsweise den Quilt in sein Heim einziehen lassen.
Alle drei Minis passen gut zusammen und lassen sich auch untereinander kombinieren. Wenn Sie Ihr Traumhaus gefunden haben, setzen Sie es doch in die Landschaft Ihrer Wahl!

Stoffbedarf:
Bei einer Stoffbreite von 112 cm (44")
Orange: 5 cm (2")
Hellgrün: 5 cm (2")
Beige: 6 cm (3")
Reste in Schwarz, Hellbraun, Dunkelbraun, Grün, Blau, Hellblau, Hellgelb, Sonnengelb, Grau und ein winziges Stück Weiß.

Schneiden:
Beige: 1 Streifen von 4 cm (1 3/4") Breite für die Einfassung, 1 Streifen von 2 cm (3/4") Breite für den roten Zwischenstreifen über die gesamte Stoffbreite. Sie brauchen nicht die gesamte Länge und haben daher Stoff für ein Haus.
Orange: 1 Streifen von 17,5 × 2,5 cm (7" × 1"), 2 Streifen von 8 × 2,5 cm (3 1/4" × 1").
Schwarz: 2 Streifen von 6,5 × 2,5 cm (2,5 × 1").
Blau: 2 Streifen von 6,5 × 2,5 cm (2,5 × 1").
Hellgrün: 1 Streifen von 17,5 × 2,5 cm (7" × 1"), 2 Streifen von 8 × 2,5 cm (3 1/4" × 1").

Zusammensetzen des Quiltoberteils:
Die einzelnen Blocks wie in der Abbildung ohne Zwischenstreifen mit Stichlänge 1 zusammennähen. Das Ganze mit dem schmalen, beigefarbenen Streifen umrunden. Die längeren orangenen und hellgrünen Streifen oben und unten annähen. Die kürzeren Streifen jeweils in der Reihenfolge orange, schwarz, blau und hellgrün zusammennähen. Die zusammengesetzten Streifen wie in der Skizze rechts und links an den Quilt nähen.

Fertigstellen:
Papier entfernen. Wie in der Einleitung beschrieben ein Quiltsandwich herstellen. Die Motive mit einer feinen Nadel mit der Maschine umrunden. Mit dem beigefarbenen Streifen einfassen.

Benötigte Blocks:	Anzahl	Seite
Mitteldeutschland A – M	1	50

Norddeutschland

Maschinengenäht und -gequiltet von Ula Lenz, 20 x 25 cm (8" x 10")

Für den zweiten Teil habe ich mir das „andere Ende" Deutschlands herausgesucht, den hohen Norden mit seinen Dünen, seinem Strandhafer, den Windsurfern und einem schmucken Leuchtturm. Da mit Sicherheit viele Quilts in Strandkörben gestichelt wurden, passt diese Umgebung als Motiv sehr gut.

Stoffbedarf:
Bei einer Stoffbreite von 112 cm (44")
Hellblau: 5 cm (2")
Dunkelblau: 8 cm (3")
Sand: 5 cm (2")
Rot: 6 cm (2")
Reste in Orange, Gelb, Weiß, Grün, Braun, Schwarz und Hellbraun.

Schneiden Sie:
Rot: 1 Streifen von 4 cm (1 3/4") Breite für die Einfassung, 1 Streifen von 2 cm (3/4") Breite für den roten Zwischenstreifen über die gesamte Stoffbreite. Sie brauchen nicht die gesamte Länge und haben daher Stoff für den Leuchtturm.
Hellblau: 1 Streifen von 17,5 x 2,5 cm (7" x 1"), 2 Streifen von 8 x 2,5 cm (3 1/4" x 1").
Dunkelblau: 1 Streifen von 9 x 2,5 cm (3 1/2" x 1"), 1 Streifen von 11,5 x 2,5 cm (4 1/2" x 1")
Beige: 1 Streifen von 17,5 x 2,5 cm (7" x 1"), 1 Streifen von 8 x 2,5 cm (3 1/4" x 1"), 1 Streifen von 10,5 x 2,5 cm (4 1/4" x 1").

Zusammensetzen des Quiltoberteils:
Die einzelnen Blocks wie in der Abbildung ohne Zwischenstreifen mit Stichlänge 1 zusammennähen. Das Ganze mit dem schmalen, roten Streifen umrunden. Die längeren hellblauen und beigen Streifen oben und unten annähen. Die kürzeren Streifen jeweils in der Reihenfolge hellblau, dunkelblau, beige zusammennähen, dabei darauf achten, dass der kürzere dunkelblaue und der längere beige Streifen sowie der längere dunkelblaue mit dem kürzeren beigen Streifen zusammengenäht wird. Die zusammengesetzten Streifen wie in der Skizze rechts und links an den Quilt nähen.

Fertigstellen:
Papier entfernen. Wie in der Einleitung beschrieben ein Quiltsandwich herstellen. Die Motive mit einer feinen Nadel mit der Maschine umrunden. Mit dem roten Streifen einfassen.

Benötigte Blocks:	Anzahl	Seite
Norddeutschland A – M	1	55

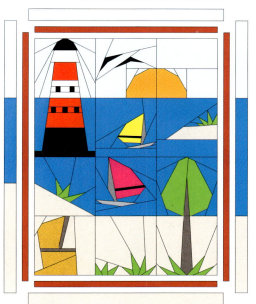

Mikrokatzen

Maschinengenäht und -gequiltet von Ula Lenz, 13 x 15,5 cm (5 1/2" x 7") *Originalgröße*

Welche Aussicht die vielen Miezen haben, können wir nicht erkennen. Unsere Aussicht auf den entzückenden Katzenquilt ist aber auch nicht zu verachten. Katzenfreunde werden sich die winzigen Schnurrer bestimmt nicht entgehen lassen, zumal wir sie für diejenigen, die es nicht ganz so winzig wollen, auch in zwei größeren Formaten anbieten.

Stoffbedarf:
Bei einer Stoffbreite von 112 cm (44")
Hellblau: 8 cm (3")
Reste in Schwarz und Dunkelbraun

Schneiden Sie:
Hellblau: Zwischenstreifen von 2,5 cm (1") Breite.
Dunkelbraun: Zwischenstreifen von 2,5 cm (1") Breite

Fertigstellen:
Papier entfernen. Wie in der Einleitung beschrieben ein Quiltsandwich herstellen. Die Katzen mit einem feinen Stich umrunden, die braunen Zwischenstreifen nach Art einer Holzmaserung quilten und den hellblauen Hintergrund mit meliertem Garn mäandern.

Benötigte Blocks:	Anzahl	Seite
Sitzende Katze rechts	3	57
Sitzende Katze links	4	57
Liegende Katze rechts	3	49
Liegende Katze links	2	49

Zusammensetzen des Quiltoberteils:
3 Katzen nach Geschmack zu einer Reihe mit hellblauen Zwischenstreifen zusammenfügen. Auch an die linke und rechte Seite jeder Reihe kommt ein hellblauer Zwischenstreifen. An die Katzenreihen jeweils unten noch einen braunen Zwischenstreifen nähen und alle vier Reihen zusammenfügen. An die oberste Katzenreihe noch einen blauen Streifen nähen.

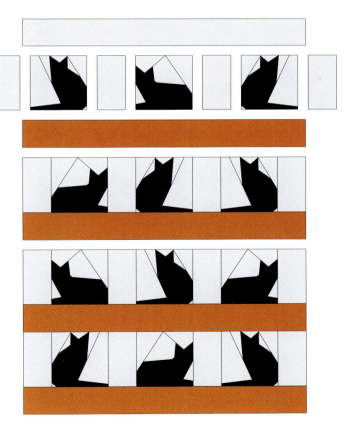

Tulpentöpfchen

Maschinengenäht und -gequiltet von Ula Lenz, 13 x 15,5 cm (5 1/2" x 7")   Originalgröße

Für die erfahrenen Mikronäherinnen kommt hier der Quilt mit den winzigsten Kleinteilen.
Damit Sie sich langsam an die kleinen Formate heranwagen können, bieten wir Ihnen die Tulpentöpfchen in drei Größen an. In einer der „großen" Varianten als Duftkissen, als gepatchte Einlage einer Geschenkkarte oder auch als kleinen Quilt, für den Sie sich zum Beispiel auch die Gießkannen der Kakteen borgen könnten – die Tulpentöpfchen sind vielseitig und verbreiten fröhliche Frühlingsstimmung.

Stoffbedarf:
Bei einer Stoffbreite von 112 cm (44")
Beige: 8 cm (3")
Bunter Blumenstoff: 2 Streifen von 2,5 cm (1") Breite
Stoffreste in Braun, Grün und Tulpenfarben

Benötigte Blocks:	Anzahl	Seite
Tulpentöpfchen 1":	12	66

Zusammensetzen des Quiltoberteils:
Pro Reihe jeweils 3 Töpfchen mit blumigen Zwischenstreifen zusammennähen. Die Reihen ebenfalls mit Zwischenstreifen verbinden, anschließend noch umrunden.

Fertigstellen:
Papier entfernen. Wie in der Einleitung beschrieben ein Quiltsandwich herstellen. Die Blocks außen mit einem feinen Stich umrunden.

Kakteenmikro

Maschinengenäht und -gequiltet von Ula Lenz, 14 x 16 cm (5 1/2" x 6 1/4")

Originalgröße

Kakteen haben viele Liebhaber, da sie auch bei wenig Platz in kleiner Ausführung ihren stacheligen Charme entfalten. Für unsere genähten Mikroexemplare dürfte sich auch überall ein Plätzchen finden lassen. Trotz ihrer bekannten Genügsamkeit haben wir ihnen doch etwas Pflege in Form von vier Gießkannen angedeihen lassen – bei dem geringen Wasserbedarf genügt es ja vollauf, wenn auch diese nur eine Größe von einem Inch (2,5 cm) pro Block haben.

Weil es Kakteen schließlich in allen Größen gibt und diese Blocks sehr vielseitig sind, haben wir sie Ihnen auch noch in zwei größeren Formaten zur Verfügung gestellt. Die Gießkännchen machen sich auch um die Tulpentöpfchen sehr gut und eine der 3-Inch-Kakteen (7,5 cm), zu einem kleinen Kissen verarbeitet, wird zu einem ganz entzückenden Nadelkissen.

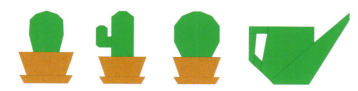
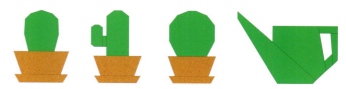

Stoffbedarf:

Bei einer Stoffbreite von 112 cm (44")
Hellgelb: 5 cm (2")
Reste in Dunkelgrün, Hellbraun, Dunkelbraun und Sonnengelb.

Schneiden Sie:

Dunkelbraun: 9 × 2,5 cm (3 1/2" × 1")
Sonnengelb: 2 Stücke von 9 × 4 cm
(3 1/2" × 1 1/2"), 2 Stücke 12 × 4 cm (5" × 1 1/2")

Benötigte Blocks:	Anzahl	Seite
Kaktus 1, 1"	3	38
Kaktus 2, 1"	3	39
Kaktus 3, 1"	3	39
Gießkanne rechts 1"	2	37
Gießkanne links 1"	2	38

Zusammensetzen des Quiltoberteils:

Jeweils drei verschiedene Kaktusblocks reihenweise zusammennähen. Mit dunkelbraunen Zwischenstreifen drei Reihen zusammenfügen. Die kürzeren sonnengelben Streifen oben und unten an das Oberteil nähen und jeweils zwei Gießkannen, die in die gleiche Richtung zeigen, oben und unten an den längeren sonnengelben Streifen setzen. Die Streifen anfügen, so dass die Gießkannen mit der Tülle zur Mitte zeigen.

Fertigstellen:

Papier entfernen. Wie in der Einleitung beschrieben ein Quiltsandwich herstellen. Die Kakteen und Gießkannen umquilten, dann den sonnengelben Stoff mit einem flächigen Quiltmuster versehen. Mit einem dünnen, hellbraunen Stoff einfassen.

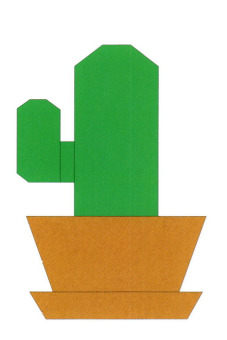

A Bauer
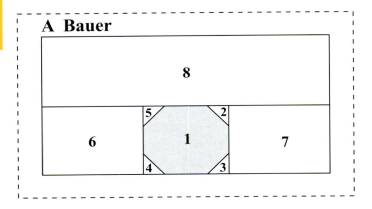

B Bauer
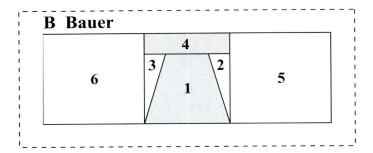

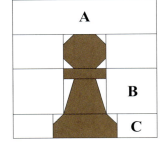

C Bauer
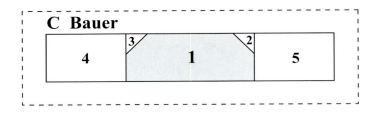

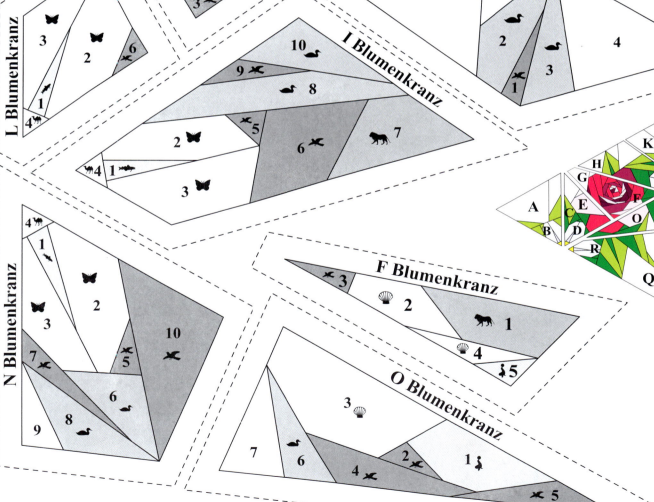
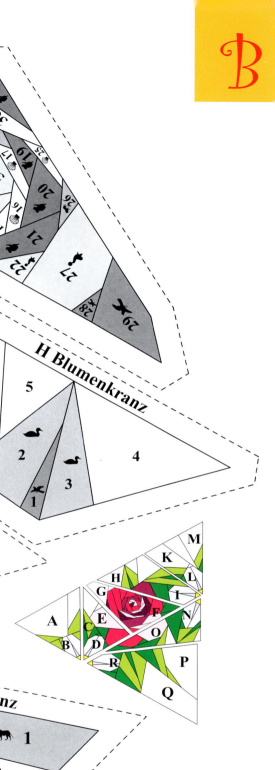

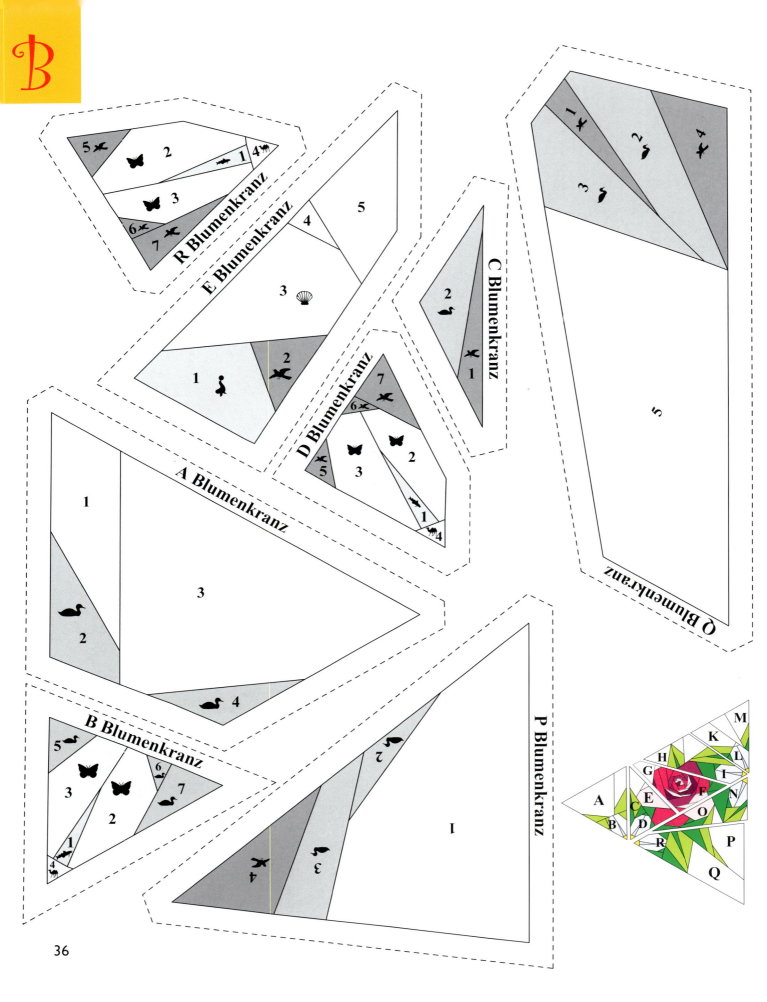

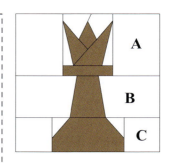
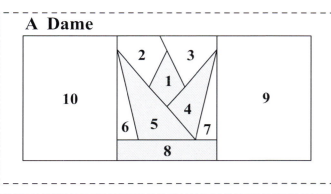
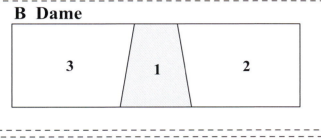
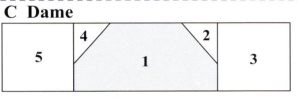

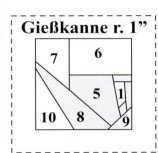
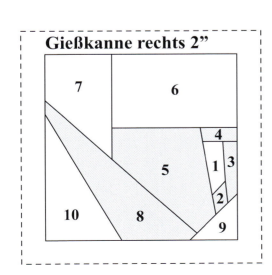
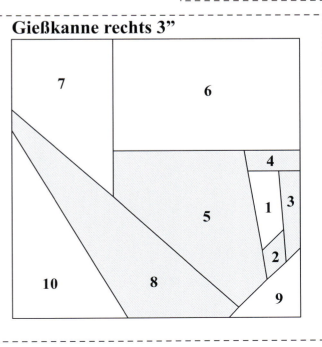

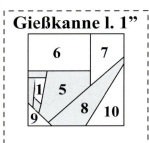

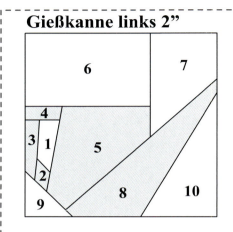
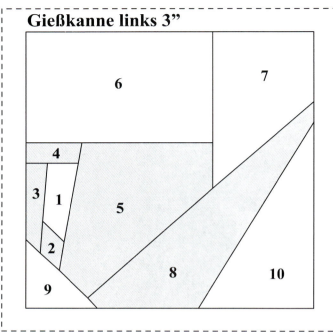
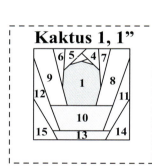
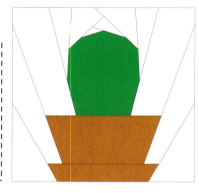
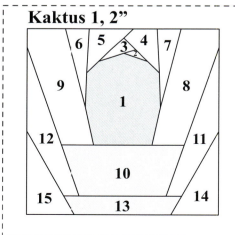
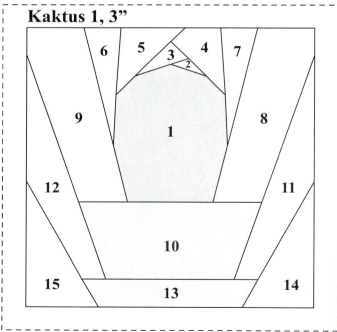

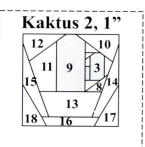

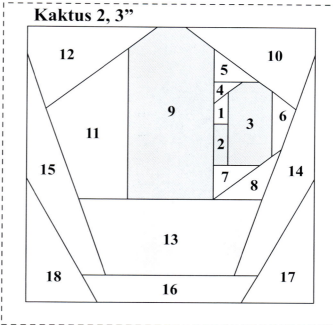
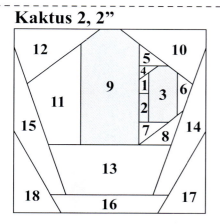
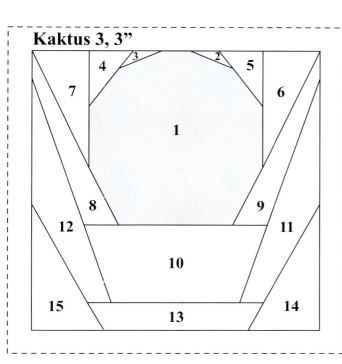
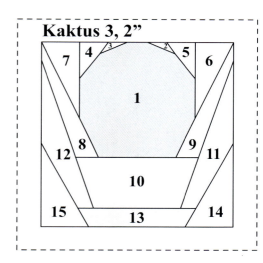
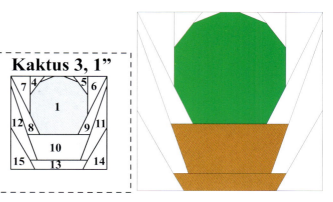

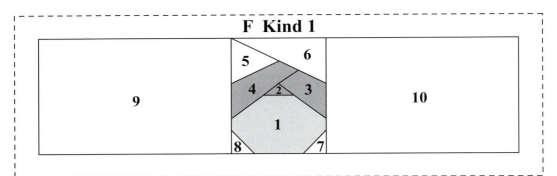
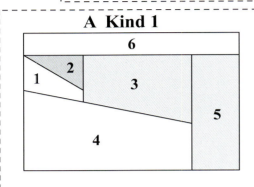
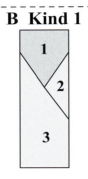
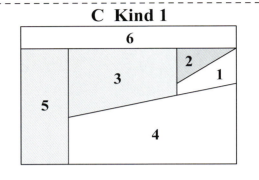
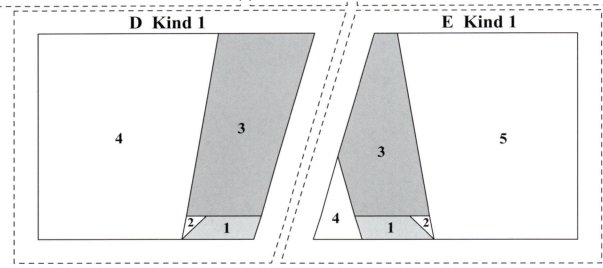
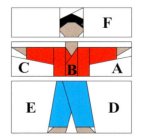

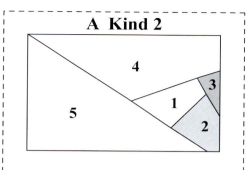
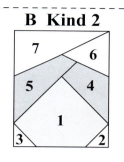
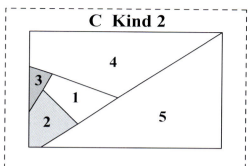
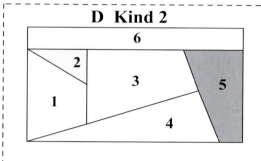
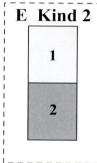
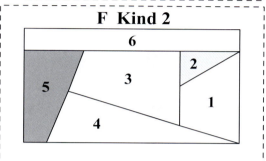
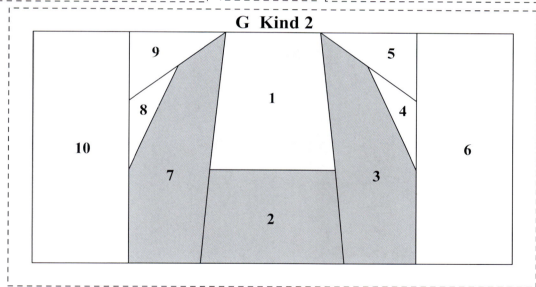
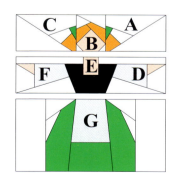

41

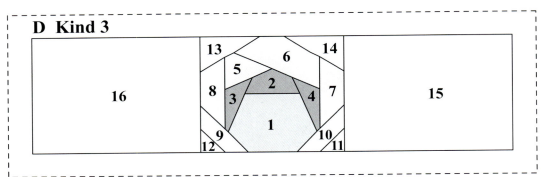
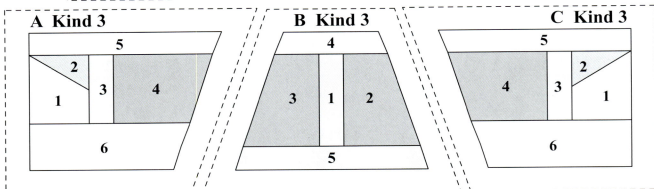
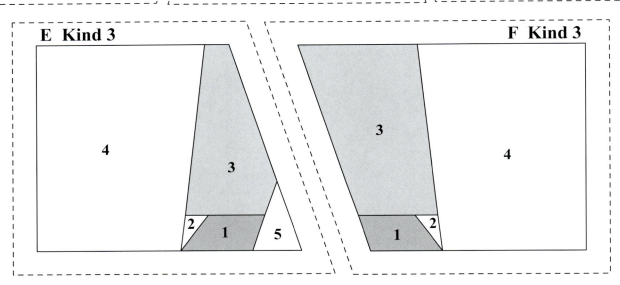
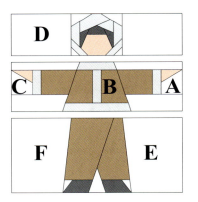

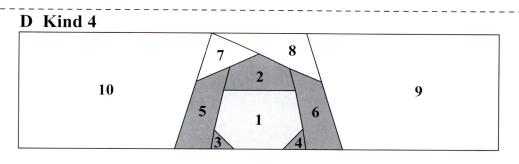
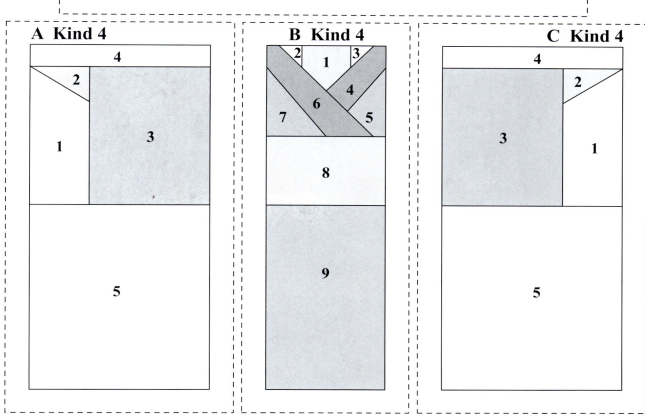
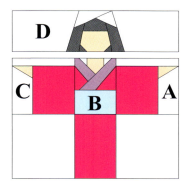

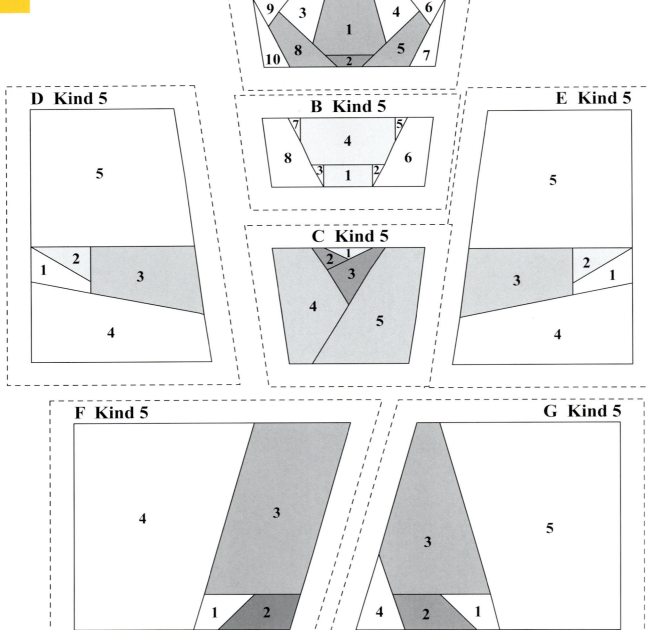
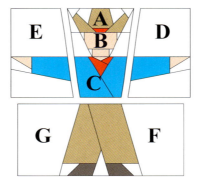

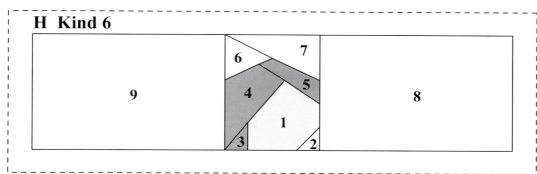
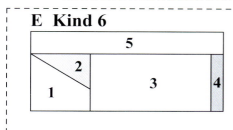
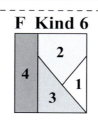
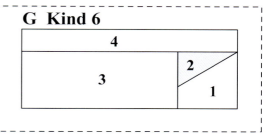
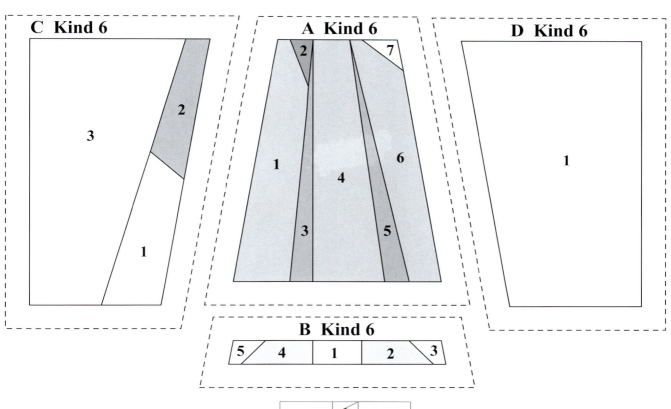
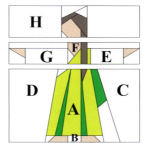

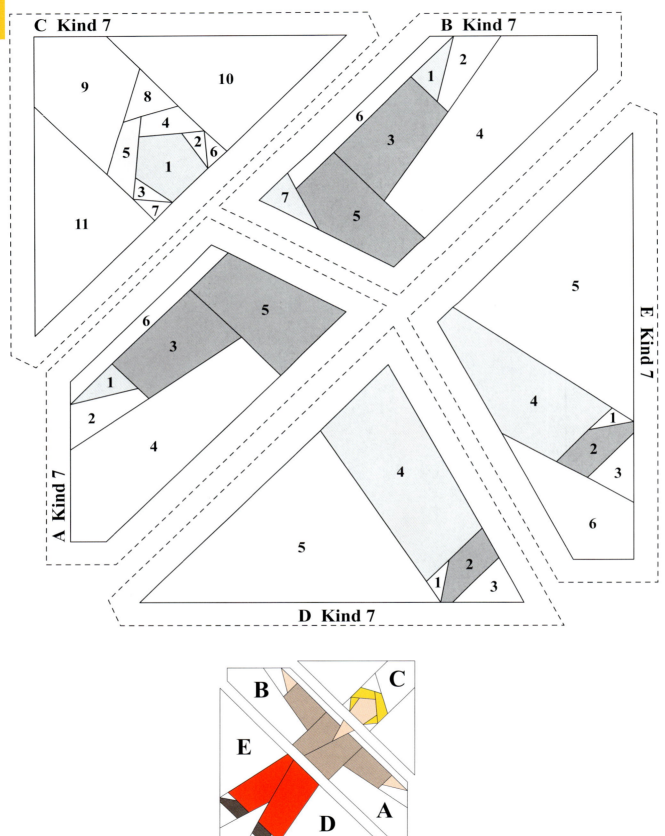

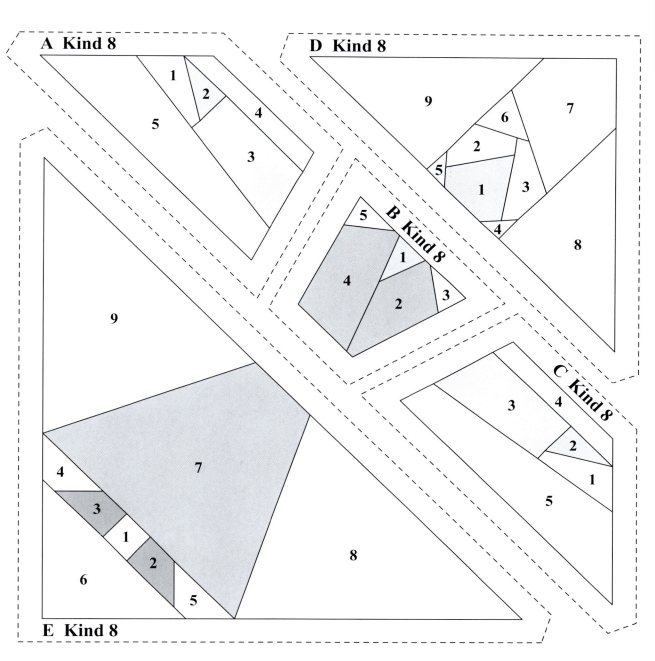
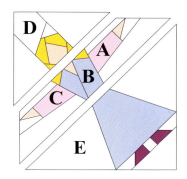

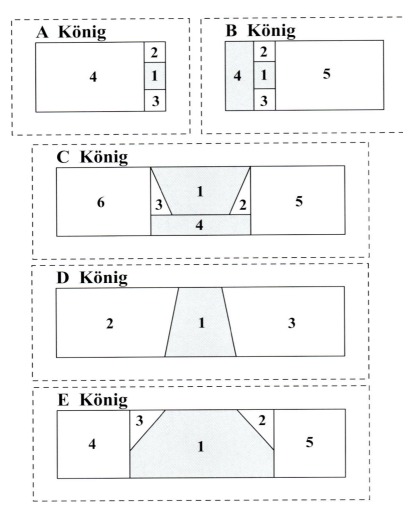
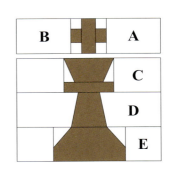
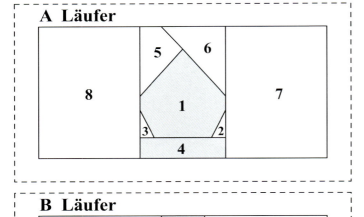
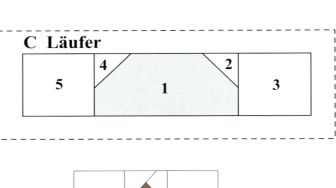
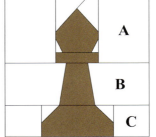

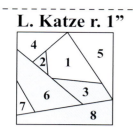

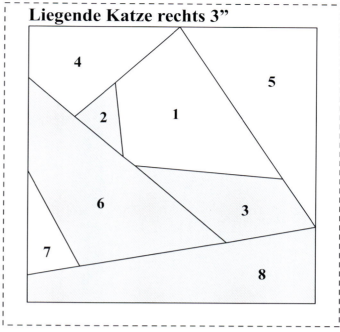
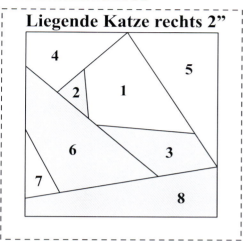
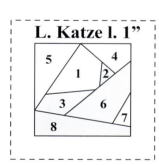

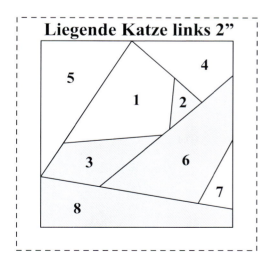
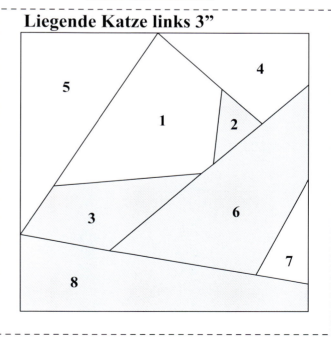

A Mitteldeutschland
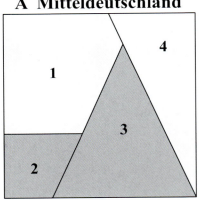

B Mitteldeutschland
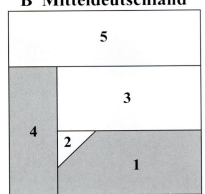

C Mitteldeutschland
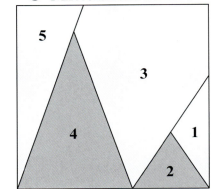

D Mitteldeutschland
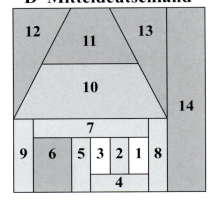

E Mitteldeutschland
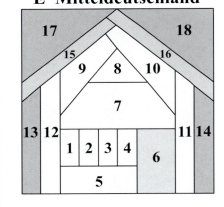

F Mitteldeutschland
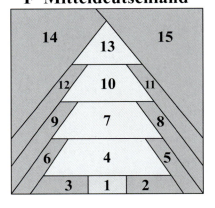

G Mitteldeutschland

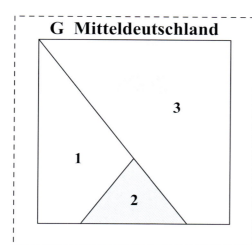

H Mitteldeutschland

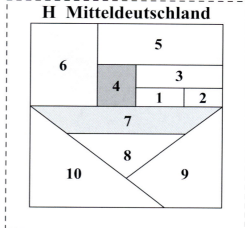

I Mitteldeutschland

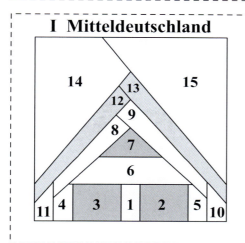

K Mitteldeutschland

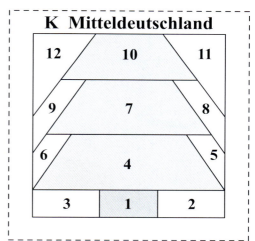

L Mitteldeutschland

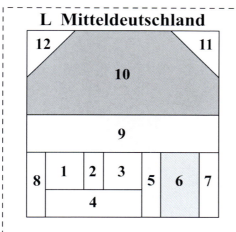

M Mitteldeutschland

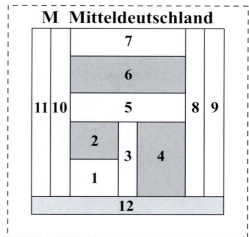

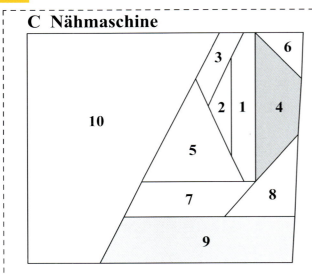
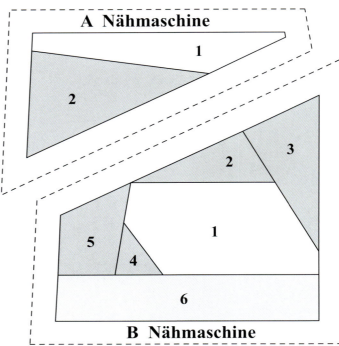
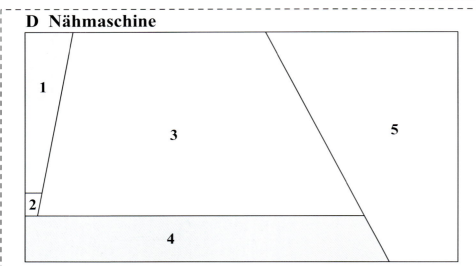
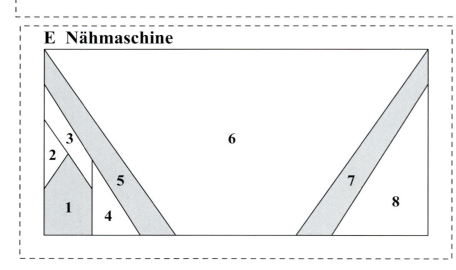
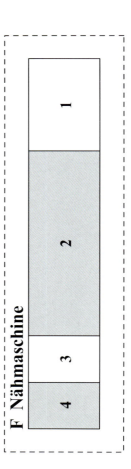

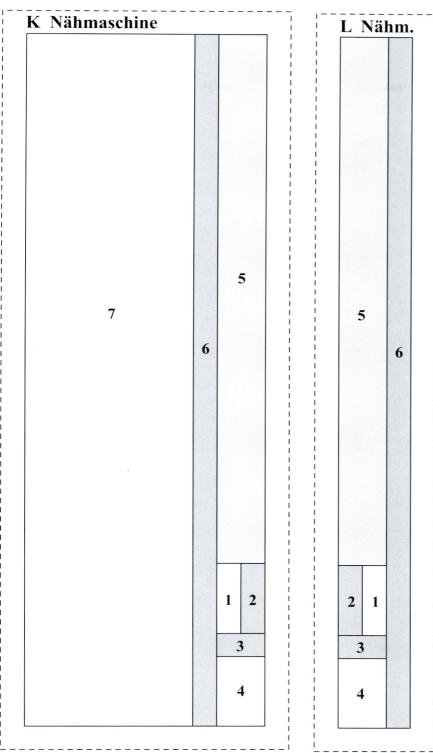
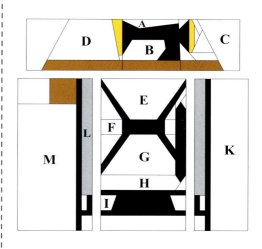

53

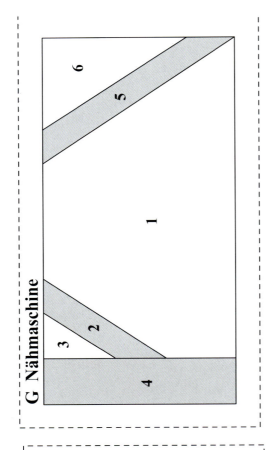
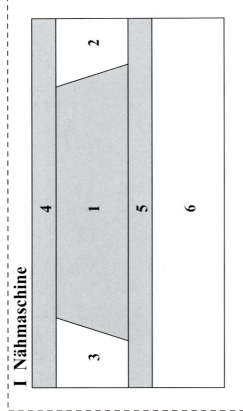

A Norddeutschland
B Norddeutschland
C Norddeutschland
D Norddeutschland
E Norddeutschland
F Norddeutschland

G Norddeutschland
H Norddeutschland
I Norddeutschland
K Norddeutschland
L Norddeutschland
M Norddeutschland

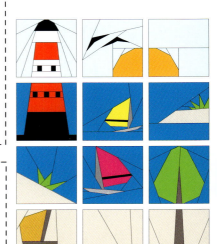

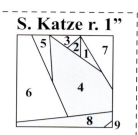

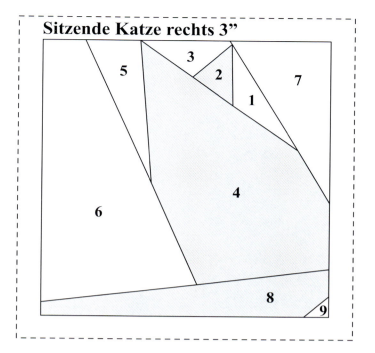
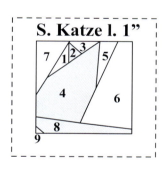
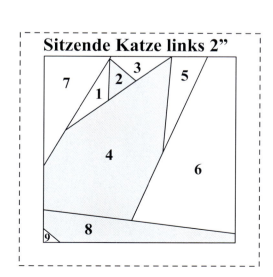
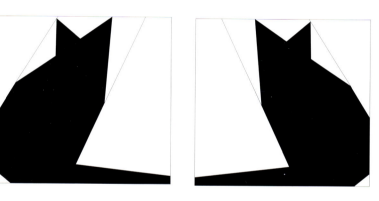
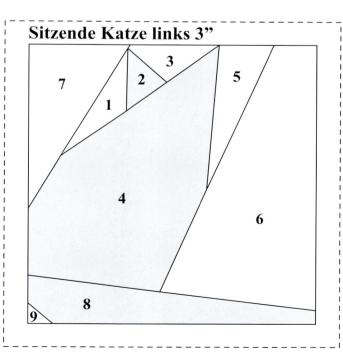

A Springer
B Springer
A Süddeutschland
B Süddeutschland
C Süddeutschland
D Süddeutschland

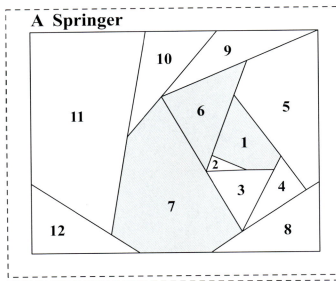
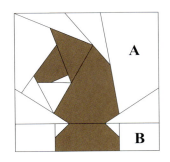
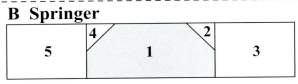
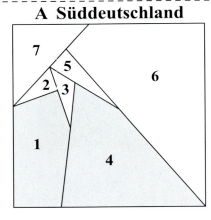
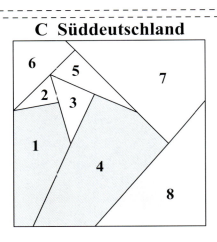
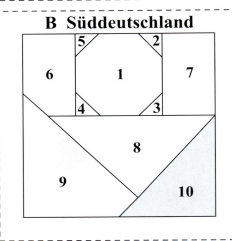
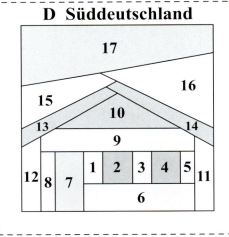

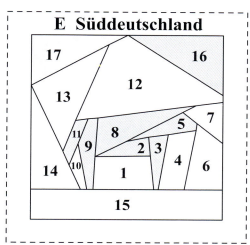
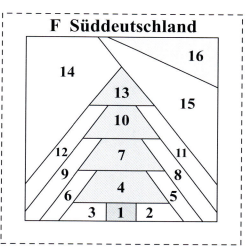
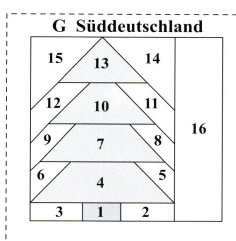
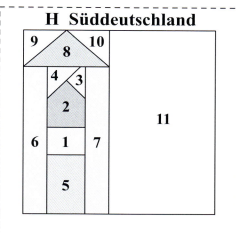

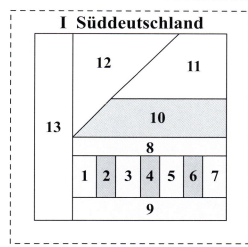
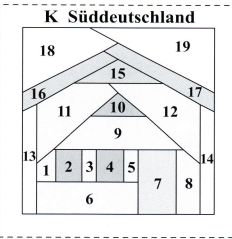

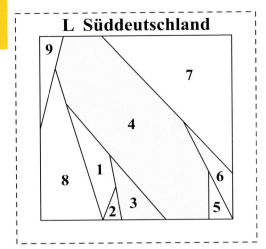

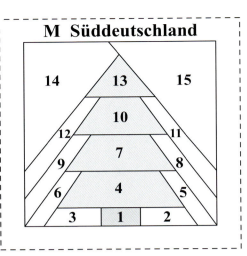

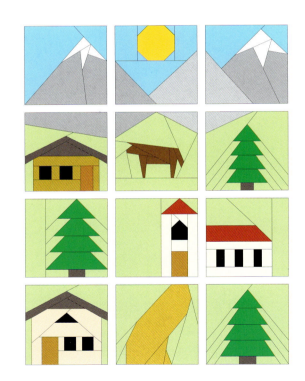

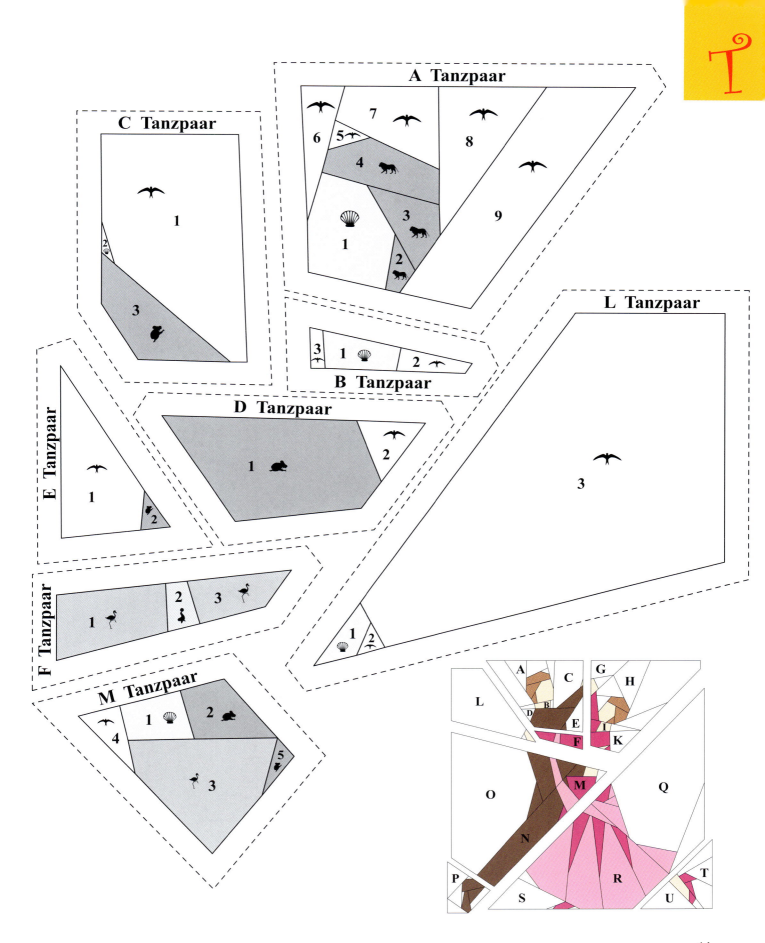

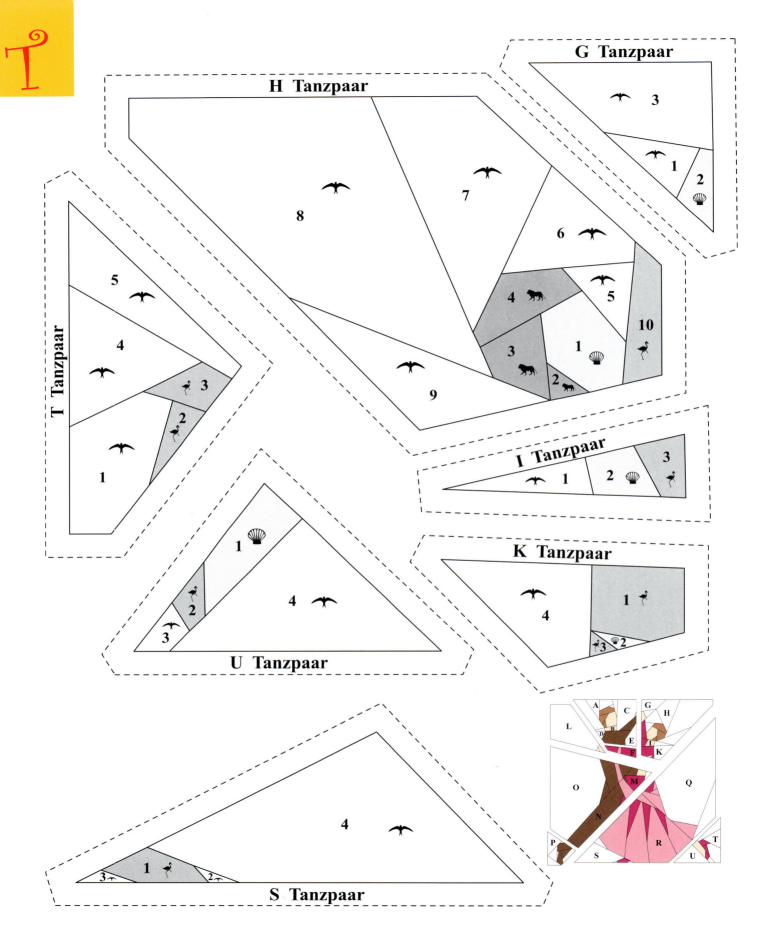

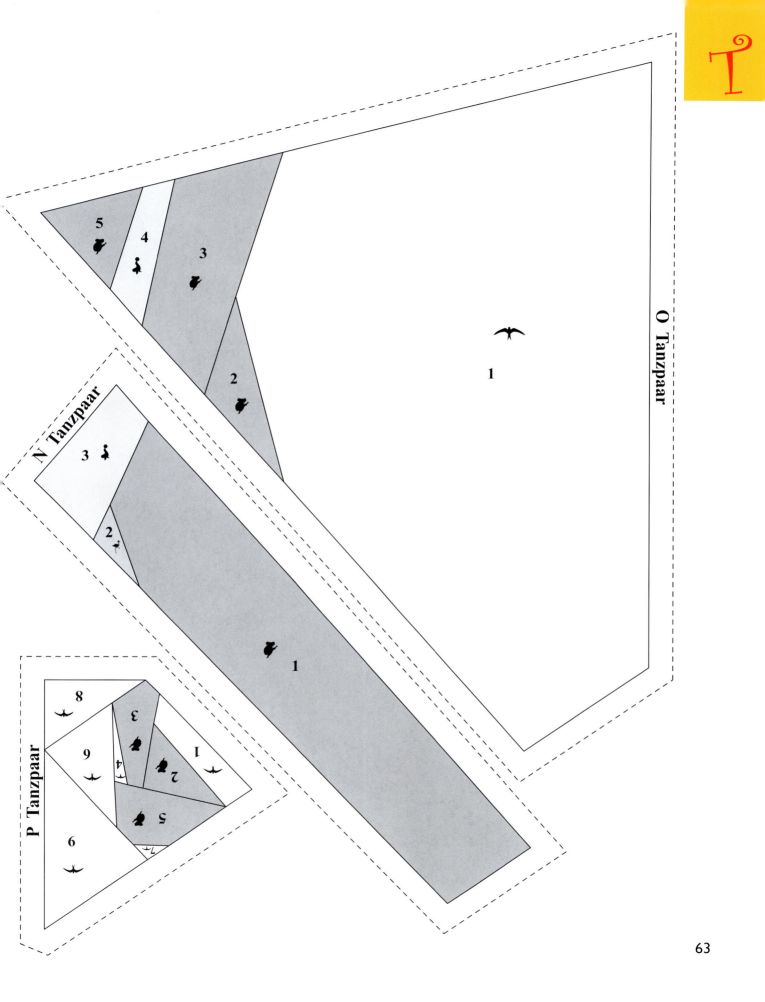

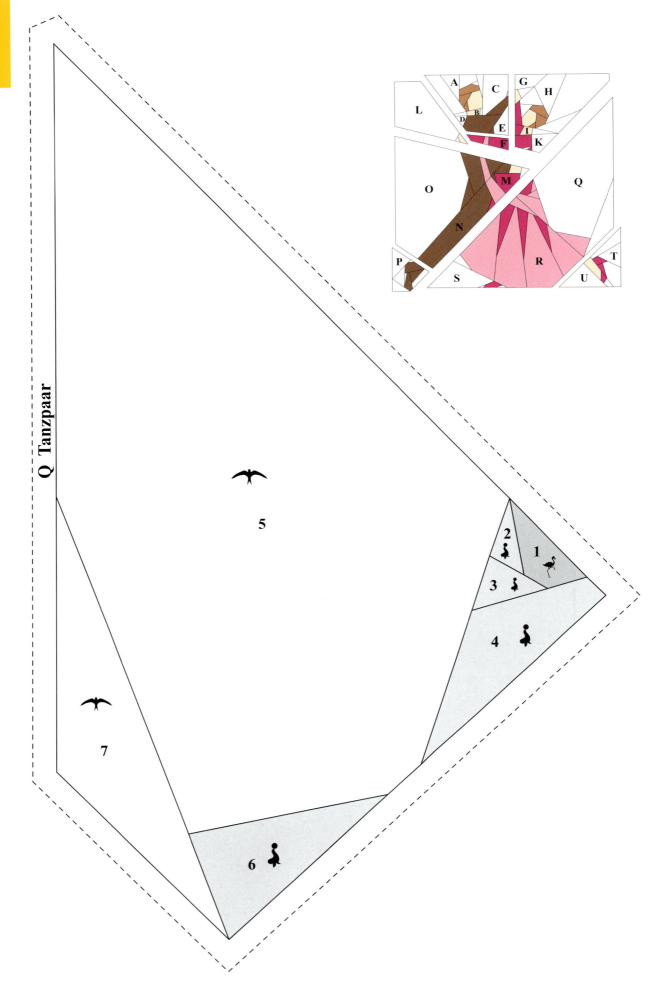

Q Tanzpaar

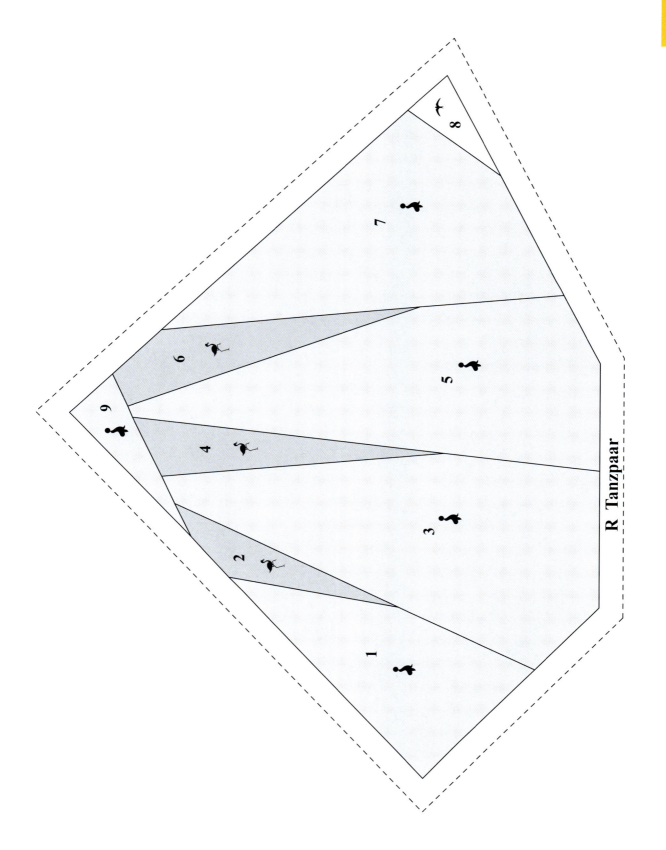

R Tanzpaar

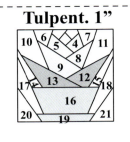

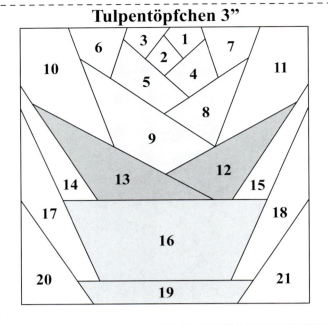

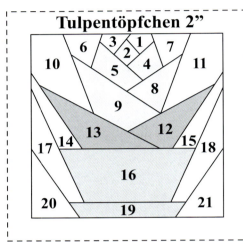

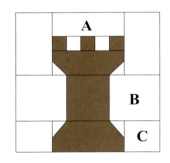

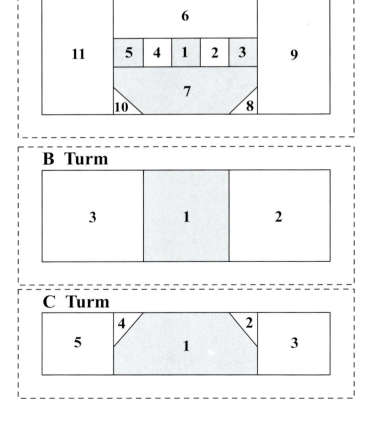

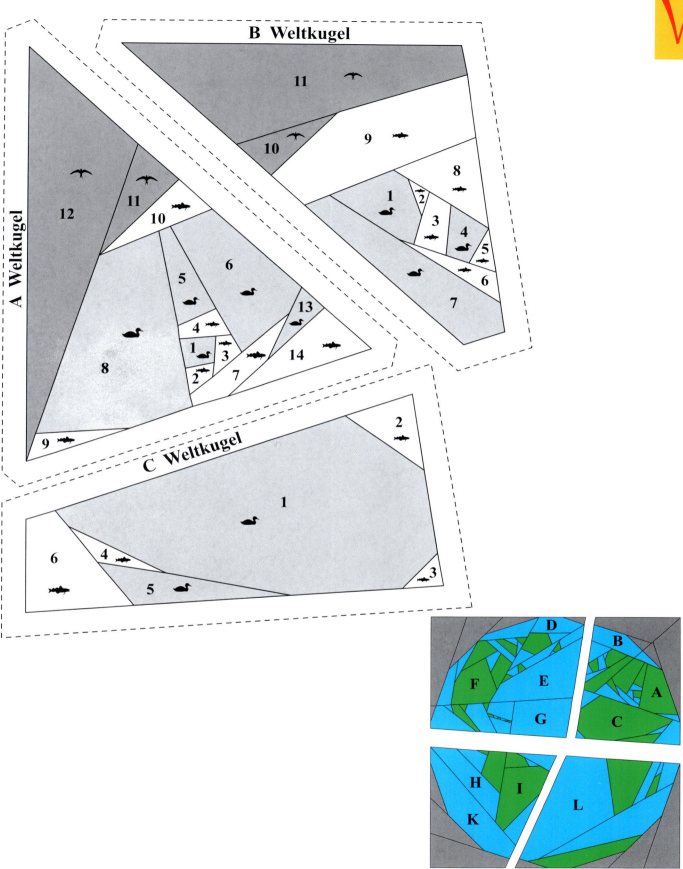

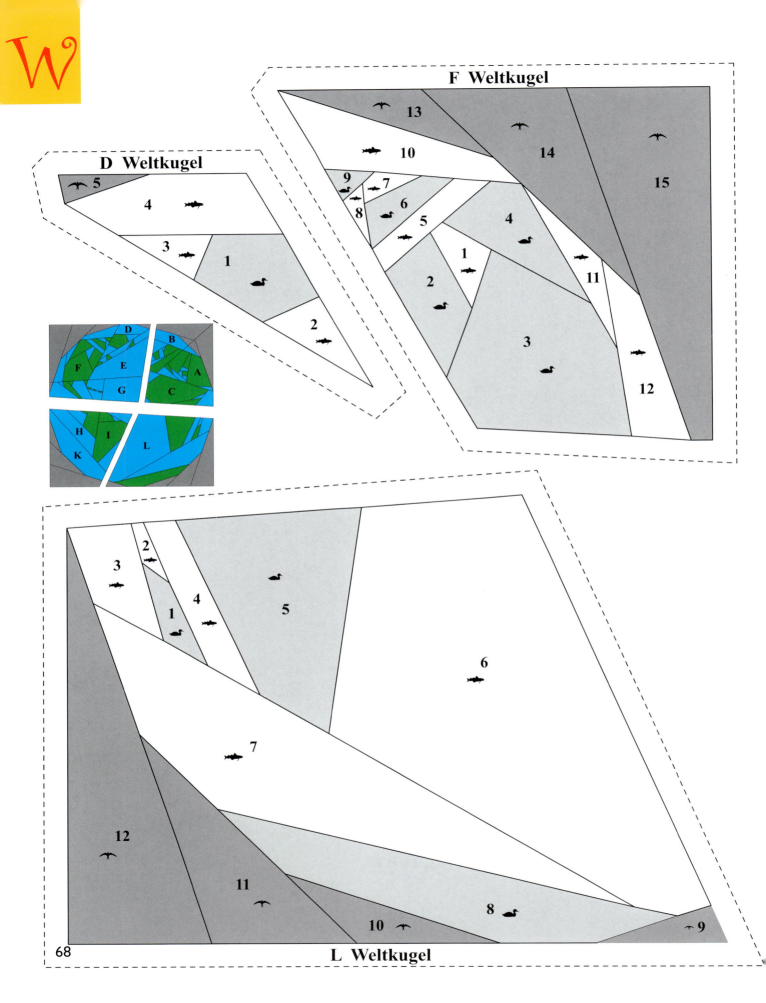

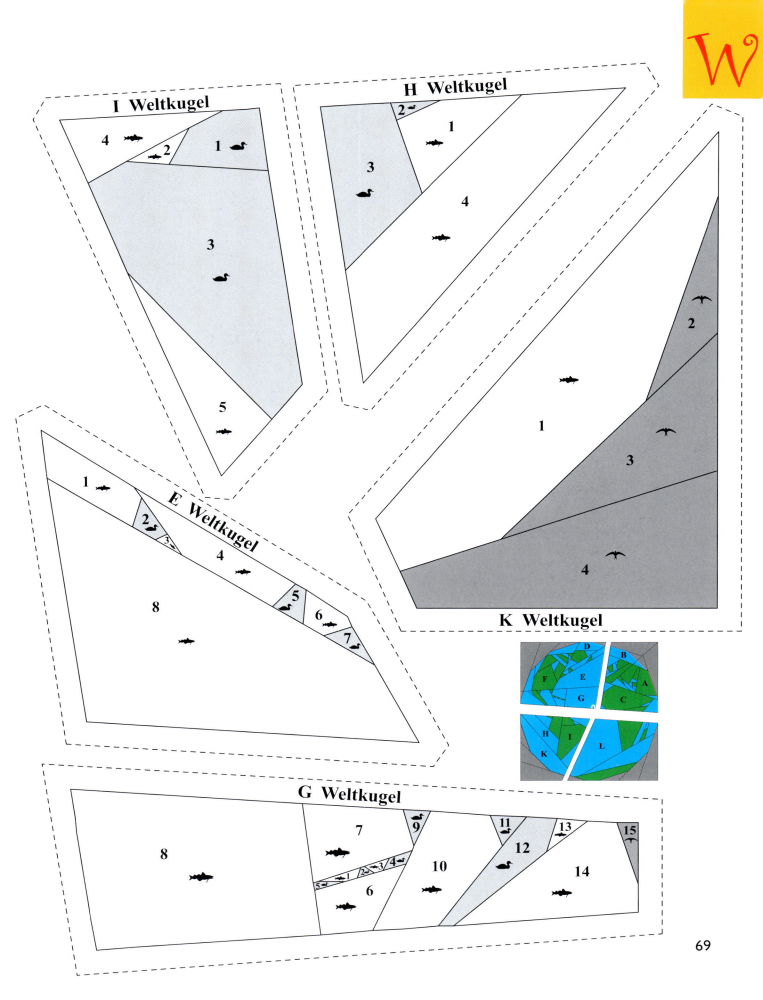

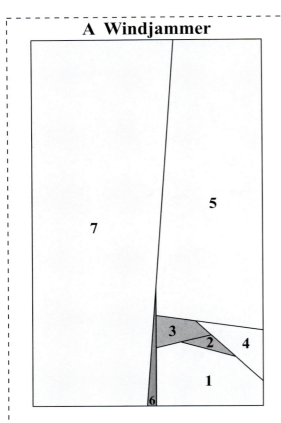
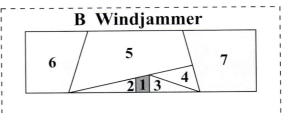
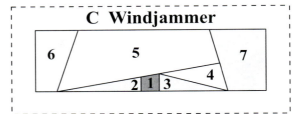
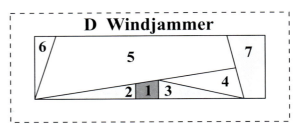
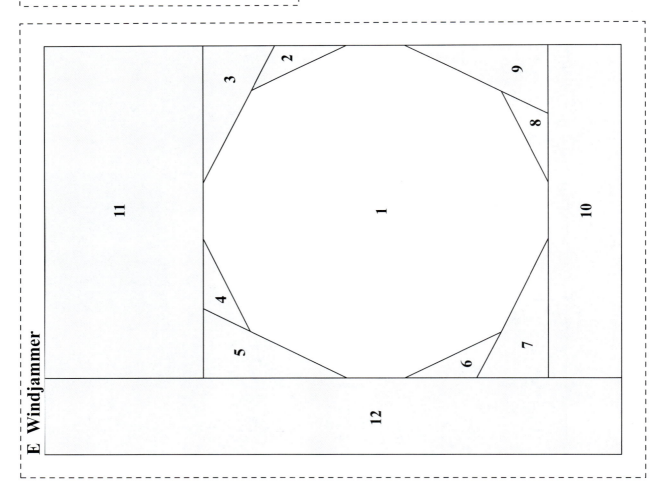

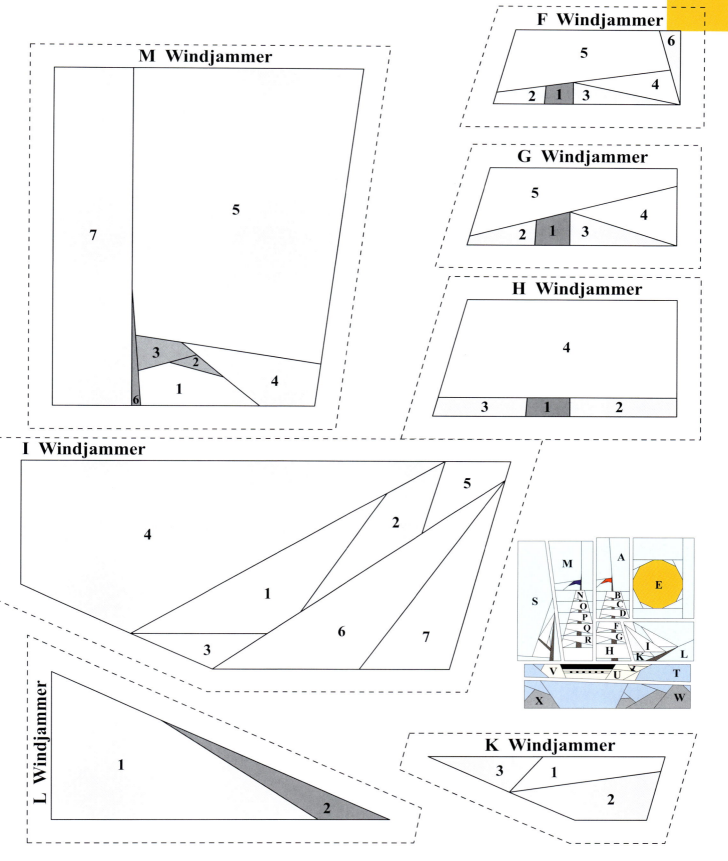

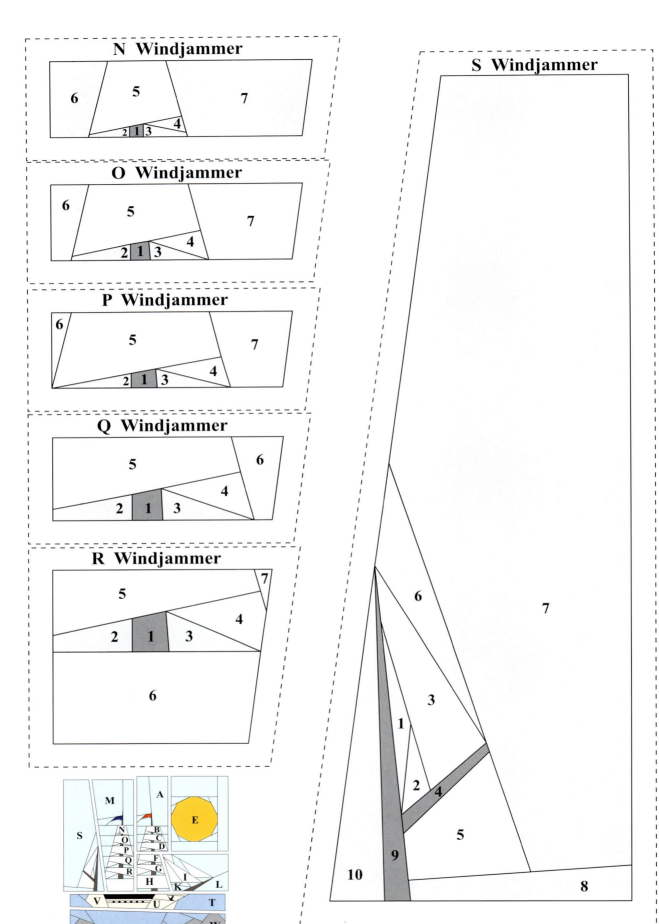

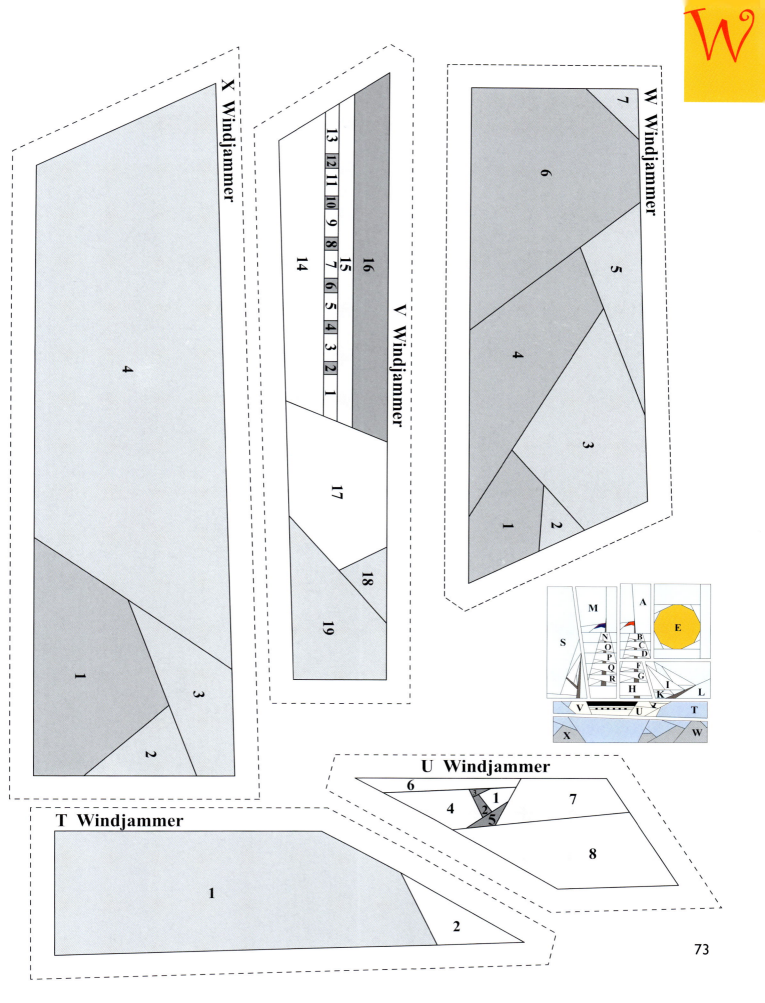

Eichhörnchenkissen

Maschinengenäht und gequiltet von Ula Lenz,
Bezug für ein Kissen von 50 x 50 cm (20" x 20")

Der Eichhörnchenblock ist flexibel, Sie können ihn ohne Rand für ein kleines Kissen oder wie hier von Blättern umrandet für ein etwas größeres Kissen verwenden.

Stoffbedarf:

Bei einer Stoffbreite von 112 cm (44")
Grüner Hintergrundstoff: 70 cm (30")
Mittelbraun für den Eichhörnchenkörper: 15 cm (6")
Rotbraun für Schwanz und Pinsel an den Ohren: 12 cm (5")
Reste in Beige für Innenohr, Hals und Bauch,
Dunkelbraun für Pfote, Nuss und Ohr,
Schwarz für das Auge
sowie verschiedene Herbstfarben für die Blätter.

Heller, ungemusterter Stoff für die Rückseite des Kissenvorderteils, 60 x 60 cm (25" x 25")
sowie Stoff für die Kissenrückseite mit Hotelverschluss, ca. 60 cm (25").

Schneiden Sie über die gesamte Stoffbreite
3 Streifen in Grün in einer Breite von 4 cm (1 1/2").

Benötigte Blocks:

	Anzahl	Seite
Eichhörnchen:	1	76/77
Blatt:	20	77

Zusammensetzen des Kissenoberteils:

Den Eichhörnchenblock mit grünen Streifen umranden. Anschließend die Blätter zu einer Blätterbordüre anfügen und ebenfalls wieder mit grünen Streifen umranden.

Fertigstellen:

Papier entfernen. Den hellen, ungemusterten Stoff für die Rückseite des Kissenvorderteils mit der linken Seite nach oben auf einen ebenen Untergrund legen, darauf den Füllstoff und das Quiltoberteil heften. Motive absteppen. Auf dem grünen Streifen zwischen Eichhörnchen und Blättern ein schmales Bandmotiv quilten.

Versäubern Sie jeweils eine der langen Kanten Ihrer Kissenrückseitenstoffe. Legen Sie die beiden mit den versäuberten Kanten überlappend aufeinander, sodass die rechten Seiten nach oben zeigen. Sie sollten sich so weit überlappen, dass beide zusammen in etwa die Grösse des gequilteten Kissenvorderteils mit etwas Spielraum nach allen Seiten haben. Legen Sie nun das Kissenvorderteil mit der rechten Seite darauf und stecken Sie alle Lagen mit Stecknadeln aufeinander. Nun können Sie verstürzen, die Nahtzugabe an den Ecken ein wenig abschneiden und wenden.

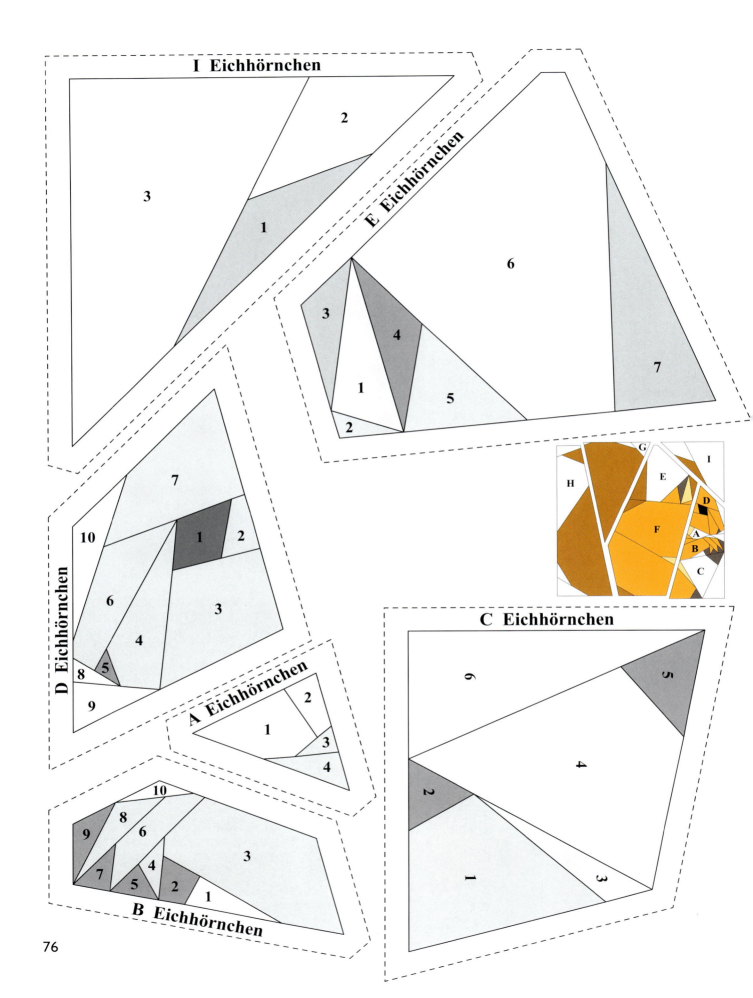

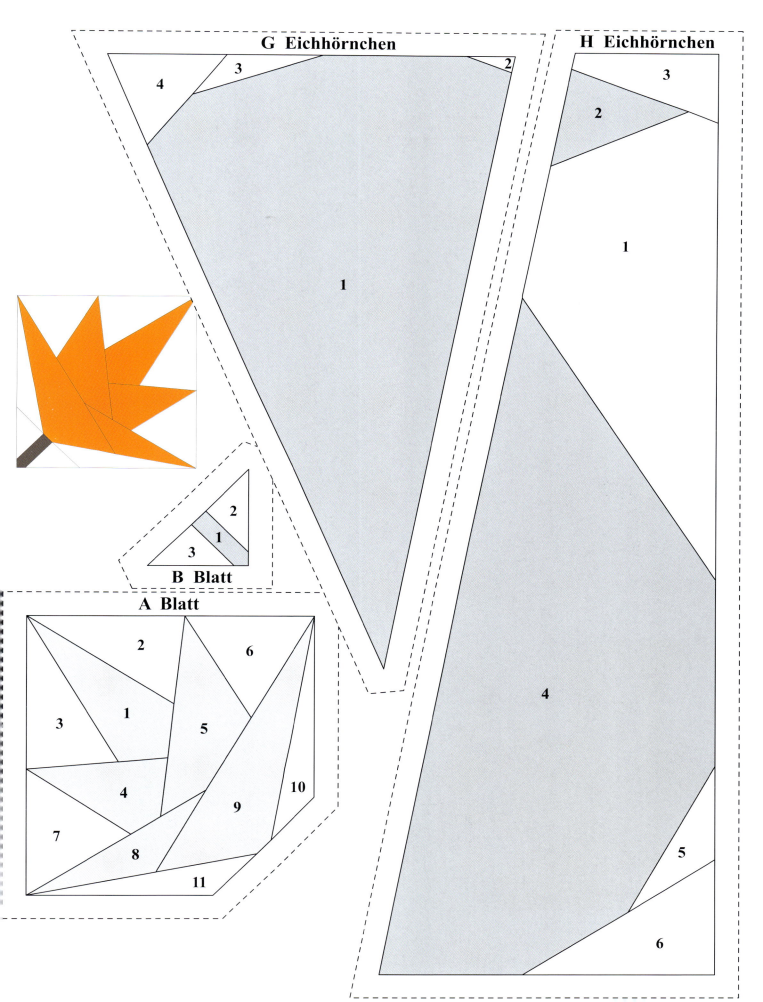

Von Ula Lenz sind auch folgende Bücher im BERGTOR VERLAG erschienen:

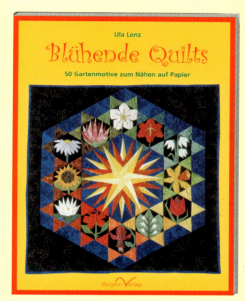

Ula Lenz, Blühende Quilts
Immergrüne Gärten auf Papier genäht. Wunderschöne, einzigartige Blumen- und Tiermotive aus der heimischen Flora und Fauna. Zwölf Quilts mit vollständiger Anleitung zum Nacharbeiten regen zu immer neuen Variationen an. Die Technik *Nähen auf Papier* wird anschaulich Schritt für Schritt erklärt.
96 Seiten, 21 x 27,5 cm, Softcover, durchgehend farbig, viele farbige Bilder und Grafiken, Vorlagen in Originalgröße.
ISBN 3-9806815-8-0, € 22,–, sFr 43,–

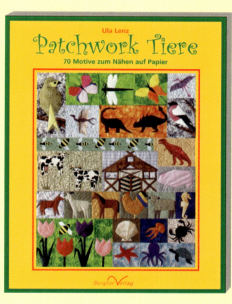

Ula Lenz, Patchwork Tiere
Hier widmet Ula Lenz sich der Tierwelt. Von urzeitlichen Dinosauriern über Meerestiere bis hin zu heimeligen Bauernhoftieren finden Sie in diesem Buch alles, was kreucht und fleucht. Sei es der heimische Singvogel oder die Libelle auf der Blumenwiese.
96 Seiten, 21 x 27,5 cm, Softcover, durchgehend farbig, viele farbige Bilder und Grafiken, Vorlagen in Originalgröße.
ISBN 3-937703-02-0, Preis: € 22,–

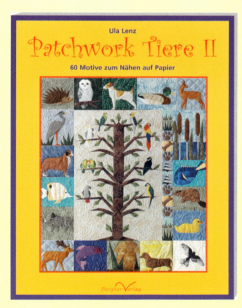

Ula Lenz, Patchwork Tiere II
Diesmal gibt es viele einheimische Tiere wie Igel, Reh und Eule, aber auch verschiedene Hunde und Vögel. Neben Wald- und Wiesenviechern tummelt sich allerlei Wassergetier wie Enten, Kraniche und verschiedene Fische. Bunte Papageien und Kakadus geben sich ebenso ein Stelldichein wie Wildschweine, Hasen und Dackel. Von Beagle bis Schäferhund sind etliche Hunderassen vertreten, aber auch Forellen und sogar eine Maus laden dazu ein, Ihre ganz persönliche Menagerie zu nähen.
Zwölf Quilts komplett mit Anleitung und Stoffverbrauch werden vorgestellt. Alle Vorlagen sind in Originalgröße. Wie gewohnt wird die Technik Nähen auf Papier ausführlich erklärt.
Alle Blocks aus den Büchern *Blühende Quilts, Patchwork Tiere und Patchwork Tiere II* sind untereinander kombinierbar.
96 Seiten.
ISBN 3-937703-06-3, Preis: € 22,–

Im BERGTOR VERLAG sind auch folgende Patchworkbücher erschienen:

Schätze aus der Restekiste von **Eli Thomae**.
Zu allen 34 verschiedenen Patchworkmustern gibt es eine komplette Anleitung und eine Formel für abweichende Restegrößen, so dass Sie alle Ihre Reste wirklich aufbrauchen können. Das Schönste dabei ist, dass die meisten Quilts ohne Schablonen auskommen, denn Eli liebt es Tricks zu finden, die das lästige Schablonenherstellen unnötig machen.
80 S., 34 komplette Anleitungen, viele farbige Bilder und Grafiken.
ISBN 3-937703-07-1, Preis: € 22,–

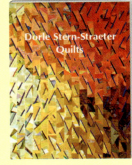

Quilts von **Dorle Stern-Straeter** mit einem Vorwort von **Michael James**
Dorle Stern-Straeter, die renommierteste Quiltkünstlerin Deutschlands, beschreibt ihren Werdegang, ihre Quilts, ihre Arbeitsweise. Bildband und Autobiographie in einem.
Deutsch, Englisch, Französisch.
112 Seiten, 21,3 x 27,5 cm, mehrfarbiger, flexibler Einband, über 70 Quilts, teilweise mit Detailansicht, durchgehend farbig.
ISBN 3-9806815-0-5, € 15,24

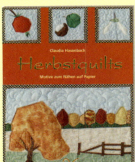

Herbstquilts von **Claudia Hasenbach**.
Von Äpfeln über Blätter bis hin zu allerlei Pilzen, Kürbissen, Bäumen und sogar einer Physalis sind alle nur denkbaren Herbstszenarien in 13 liebevoll ausgearbeiteten Quilts präsentiert. Alle Motive sind auf Papier genäht, einige noch zusätzlich mit kleineren Applikationen ergänzt. Die Technik *Nähen auf Papier* wird ausführlich erläutert.
96 S., 13 komplette Anleitungen, alle Vorlagen in Originalgröße, viele farbige Bilder und Grafiken.
ISBN 3-937703-08-X, Preis: € 22,–

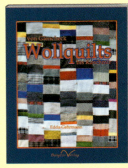

Wollquilts von **Edda Gehrmann** mit einem Vorwort von **Kaffe Fassett**.
Bilder von über 70 Quilts machen auch Ihnen Lust, selbst einen außergewöhnlichen, warmen und kuscheligen Quilt zu nähen. Genaue Anleitungen zu sechs wunderschönen Quilts machen es leicht, einen Einstieg zu finden.
144 Seiten, 21 x 27,5 cm, mehrfarbiger, flexibler Einband, durchgehend farbig, mit über 70 Bildern und Grafiken, zweisprachig deutsch-englisch.
ISBN 3-9806815-4-8, € 22,–

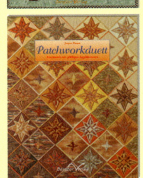

Patchworkduett von **Joyce Dawe**.
Für jedes der 12 Projekte gibt es eine große Version und eine kleine Alternative. So finden Sie hier Wandbehänge, Decken, aber auch Kissen, Tischsets und Taschen. Und alle mit dieser besonderen Note...
80 S., 12 komplette Anleitungen mit Alternativvorschlägen, alle Vorlagen in Originalgröße, viele farbige Bilder und Grafiken, zweisprachig: Deutsch-Englisch,
ISBN 3-937703-09-8, Preis: € 22,–

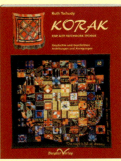

Korak von **Ruth Tschudy**. Eine fast vergessene Patchworktechnik, die ganz von Hand gearbeitet wird. Ruth Tschudy beschreibt nicht nur ganz genau wie man einen Korak herstellt, sondern auch, wo er herkommt und verbreitet war. Mit kleinen Übungsstücken werden Sie an den Entwurf eigener Arbeiten herangeführt.
80 Seiten, 21 x 27,5 cm, mehrfarbiger, flexibler Einband, durchgehend farbig, über 60 Fotos, viele Grafiken, genaue Schritt-für-Schritt Anleitungen, zweisprachig deutsch-englisch,
ISBN 3-9806815-7-2, € 22,–, sFr 43,

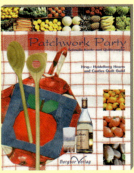

Patchwork Party – Zwei Bücher in einem! Über 70 Rezepte und 15 Patchworkprojekte mit ausführlicher Anleitung. Schablonen in Originalgröße. Die Patchworkprojekte in diesem Buch sind schnell genäht und haben größtenteils einen Bezug zu Essen und Küche im weitesten Sinne. *80 Seiten, durchgehend farbig, zahlreiche Fotos und Abbildungen. Praktische, hochwertige Ringbindung.*
€ 1,– pro verkauftem Buch ist für einen guten Zweck bestimmt.
**ISBN 3-937703-00-4,
Preis: nur noch € 7,–**

Streifentechniken
Irene Kahmanns Klassiker zu dieser rationellen Patchworktechnik neu aufgelegt.
27 Schritt-für-Schritt Workshops und leicht verständliche Anleitungen regen Ihre Kreativität an. Ob geometrische Seminole-Muster, Streifenmuster, Crazy-Patchwork, Kurven oder frei Geschnittenes, lernen Sie wie kompliziert wirkende Muster schnell und einfach zu nähen sind. Einführende Informationen über Material und Basistechniken, den Umgang mit Farben, Strukturen und vieles mehr. Alle Schablonen in Originalgröße. Anregende Quiltgalerie mit Quilts von bekannten deutschen und amerikanischen Quiltkünstlern. *Leicht veränderte Neuauflage, 96 Seiten, Softcover, 21 x 27,5 cm, durchgehend farbig, 200 Bilder.*
ISBN 3-937703-04-7, Preis: € 22,–

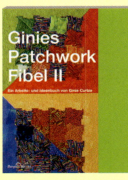

Ginies Patchwork Fibel II von **Ginie Curtze**. Die Fortsetzung der ersten Fibel mit 85 neuen Schablonen, Ideen und Geschichten. Ginies Fibel ist kein Anleitungsbuch im üblichen Sinne, sondern ein Ideen- und Anregungsbuch, das den Leser zu eigener Kreativität ermuntern will. Ein Buch, gleichermaßen geeignet für Anfänger und Fortgeschrittene. *80 Seiten, 21 x 27,5 cm, mehrfarbiger, flexibler Einband, durchgehend farbig, mit zahlreichen Bildern und Grafiken.*
ISBN 3-9806815-9-9, Preis: € 23,50

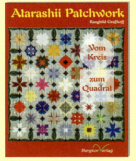

Vom Kreis zum Quadrat.
Ranghild Graßhoff führt in ihrem Arbeitsbuch in die Technik ein und zeigt anhand unzähliger Beispiele die Vielfalt dieser Faltmethode. Ob von Hand genäht oder mit der Maschine, die Variationen lassen sich endlos fortsetzen. Allein mit dem Block *vom Kreis zum Quadrat* lassen sich wundervolle Blüten, Ornamente, Bögen usw. zaubern.
96 Seiten, Softcover, 21 x 27,5 cm, Schablonen in Originalgröße, Schritt-für-Schritt Anleitungen, ca. 400 Grafiken, durchgehend farbig. Auch in englischer Sprache erhältlich.
ISBN 3-937703-05-5, Preis: € 22,–

BERGTOR VERLAG · Beim Bergtor 14 · 67269 Grünstadt
Tel. 0 63 59 / 20 58 28 · Fax 0 63 59 / 37 88 · www.bergtor-verlag.de